中学思想政治课人文课堂营造和创新教学研究

庄蕾蕾 著

中国民族文化出版社

北 京

图书在版编目（CIP）数据

中学思想政治课人文课堂营造和创新教学研究/ 庄
蕾蕾著. 一北京：中国民族文化出版社有限公司，
2020. 5（2025.1重印）

ISBN 978-7-5122-1338-8

I. ①中… II. ①庄… III. ①政治课一课堂教学一教
学研究一中学 IV. ①G633. 202

中国版本图书馆CIP 数据核字（2020）第040648 号

中学思想政治课人文课堂营造和创新教学研究

作　者　庄蕾蕾

责任编辑　王　华

责任校对　李文学

出 版 者　中国民族文化出版社　　地址：北京市东城区和平里北街14 号
　　　　　　邮编：100013　　联系电话：010-84250639　64211754（传真）

印　装　三河市同力彩印有限公司

开　本　170 m m ×240 m m　16 开

印　张　12

字　数　200 千

版　次　2021年1月第1版　　2025年1月第2次印刷

标准书号　ISBN 978-7-5122-1338-8

定　价　56. 00 元

|作者简介|

　　庄蕾蕾，中学高级教师，北京市中学市级骨干教师，北京市朝阳区学科带头人，北京市陈经纶中学教师。从教 27 年来，始终扎根中学政治学科一线教学，坚持"以学生为本，做有情怀的教师"的教育理念，形成"寓情于理、以情育人"的教学风格。在教育教学实践中，注重理论与实际相结合，关注学生的成长和核心素养的培养，并取得了一定成绩。先后参与国家、市、区级课题研究 7 项；进行国家、市、区级讲座 23 次；获北京市教师基本功大赛一等奖，近十年做国家、市、区级公开课 37 节，并有多节优质课获奖，其中《公民权利的保障书》一课被收录在人教版统编教材《道德与法治》八年级（下）教师用书中（全国发行）；撰写的 20 余篇论文获得国家、市、区级奖励，数篇文章和教学设计发表在核心期刊上；参与编写多部人教版教材、教师用书及教学著作。

"思政课教师，要给学生心灵埋下真善美的种子，引导学生扣好人生第一粒扣子。"2019 年 3 月 18 日，习近平总书记主持召开学校思想政治理论课教师座谈会时强调，思想政治理论课是落实立德树人根本任务的关键课程。

青少年是祖国的未来、民族的希望。教师应从教育理念、教学方法、教学途径以及教师自身素质等方面不断探索、不断创新，有效地进行人文精神的教育。那么，作为基础教育初中阶段一线的道德与法治课教师，我们应该怎样设计课堂教学，给学生心灵埋下真、善、美的种子呢？庄蕾蕾老师用这本书诠释了自己的认识：营造人文课堂，研究创新教学。

人文精神以崇高理想为核心，以人本身的发展为目的；创新教育则指向社会主义现代化发展对未来人才的需求，有目的地培养学生的创新精神、创新能力和创新人格，这是培养高素质人才的关键。将这两点作为教学研究的重点，可以看出庄老师在教育教学中一直将学生放在主体地位，她的教学设计中一切活动都是为了学生的学习，为了学生长远的发展，不仅关注课堂形式的活跃，更注重追求学生的实际获得，追求学生道德与法治意识的提升。

课堂教学的改进要有的放矢。庄蕾蕾老师对现今课堂上出现的诸如人文教育功能缺失、割裂教书与育人的辩证关系、重教有余而重学不足、灌输有余而创新不足等问题一直在进行观察、分析与思考。她的教学目标的制定与达成、教学活动的安排、教学策略的运用、课堂评价方式的选择等，均基于对学科本质的准确把握和对学情的分析调研。她总在探究更好地解决问题的思路，不断尝试如何最大限度地开发每个学生的潜能，做到因材施教，使每个学生的学科素养都得到提高。为了使教学内容更加贴近学生的生活，她不断尝试运用更丰富多样的教学、学习的形式，更生动活泼的授课方式，更多鼓励学生发表自己的观点……在她的课堂上，学生的"抬头率"高，"回头率"高，这样的人文课堂和创新教育受到了学生的欢迎。

新的课程改革强调教育要以人的发展为本，强调培养学生的科学素养和人文精神，这是教育现代化的中心内容，也是人的现代化的核心要求。现代教育更着眼于人的本体性发展，注重培养有知识、有能力、会创新、会做人，具有完美人格的新型人才。在新的时代，作为德育教育主渠道的思想政治课堂教学更应该肩负起这个义不容辞的责任，抓住机遇对学生进行人文精神的培养，对学生今后乃至一生的发展，对培育社会主义的建设者和接班人都将会产生深远的影响。在课程改革的今天，我们更应该关注学生在思政课中的获得感，优化育人过程，增强育人效益，提升学生的学科素养，让学生拥有"经得住回味"的获得感。

亲其师，信其道。庄老师的课堂教学用心而真诚，她用真理的力量感召学生，以深厚的理论功底赢得学生的心。这样的老师是学生喜爱的老师，这样的课堂是幸福的课堂。

北京市正高级教师、特级教师

康　利

2019 年 9 月 10 日

|目　录|

第一篇　以学生为本，构建人文课堂

第二篇　以生活为源，创设情境教学

第三篇　以实践为基，活化理论教学

第四篇　以情感为魂，浸润育人情怀

第一篇
以学生为本，构建人文课堂

　　我是谁，从哪里来，到哪里去。几千年前柏拉图提出的这个哲学问题，也是当代教师在教学实践中需要深入思考和亟待解决的重要问题。课堂教学是个系统工程，在课堂教学的各个环节中，"从哪里来"是教学任务的原点，"到哪里去"是课堂教学要达到的目标。课堂教学应该以学生为出发点和落脚点，坚持以学生为本，从学生的学情出发，通过教师的启发和引导，使学生逐渐掌握知识和技能，提升核心素养，认识自我，树立自信，实现"到哪里去"的教学目标，回归课堂教学的本质。

培养人文精神的思想政治课堂

新的课程标准明确指出：以学生发展为本，突出创新精神和时代精神，突出教学的时代环节，重视科学精神与人文精神的培养。人文精神是整个人类文化所体现的最根本的精神，是整个人类文化生活的内在灵魂。人文精神以崇高理想为核心，以人本身的发展为最终目的。它要求尊重人的需要、情感，弘扬道德价值和审美价值，培养健全的人格和高尚的时代风尚。我国近代教育家蔡元培也认为教育的功能是使人"养成健全的人格"。可见，人文精神在人全面发展的素质结构中占有重要的地位，是人的素质全面发展的集中表现。

教育承担着传授知识、培养品德的双重任务，这两大任务在政治学科中表现得最为明显和充分。但在目前的思想政治课教学中，由于对应试目的的过分强调，其本应包含的人文精神有意无意地被弱化，这显然不利于促进人的全面发展。反过来，缺乏人文精神的政治课堂，必然是枯燥乏味的，这同样不利于学生对知识的理解和掌握。思想政治学科作为人文学科，是以培养学生人文精神、独立个性为目标的重要课程。因此，教师应从教育理念、教学方法、教学途径以及教师自身素质等方面不断探索、不断创新，从而有效地对学生进行人文精神的教育。

一、现代教育亟待人文精神的回归

人文精神主张人是知、情、意并重的个体，强调"以人为本"。以人为本，体现了马克思主义关于人的全面发展的理论，是对不平等发展、畸形发展和不自由发展的彻底否定。人的全面发展就是指每个人都得到平等发展、完整发展、和谐发展和自由发展。人的平等发展，是指每个人得到平等的生存、发展的权利。人的完整发展，是指人的需要、活动、能力、社会交往关系和人性都能得到充分发展，其中人的能力的全面发展是核心，这是"人的本质内容"上的全面发展。人的和谐发展，是指人的社会关系的和谐发展，它包括个人和人类的和谐发展、个人和集体的和谐发展、个人和他人的和谐发展、个人自身内部各个方面的和谐发展，这是"人在社会关系上"的全面发展。人的自由发展，是指人的个性的自由发展，它包括个人从某种束缚中解放出来和个人可以按照自己的意愿自主地做事，它是人的全面发展的最高形式、目标和成果，这是"人在个性上"的全面发展。

荀子曰："君子之学也，以美其身；小人之学也，以为禽犊。"我们的教育，应该使更多的学生"以美其身"。然而随着社会经济的飞速发展，一些人更多地强调以功利主义为指导的教育，片面追求升学率，忽视了人文素质教育，教学方法、教学内容的人文性被功利色彩严重地遮蔽，带来了人文精神的匮乏。课堂上，教师采取"三点一示"：划重点、讲难点、突出考点和典型示范的"满堂灌"方式，教师的教学只能照顾大多数学生，不能做到因人施教。教师只教书不育人，不可避免地导致教育功能的缺失，造成学生人文知识欠缺、人文精神贫乏，限制了中学生人文精神的培养和全面提高。因此，作为培养学生人文精神、独立个性的重要人文学科——思想政治学科，其教师必须树立新的教育观，采用新的教育方法，探索新的教育途径，才能使思想政治课对学生产生深远的影响，不断推动思想政治课教学改革的深入发展。

二、转变教师教育理念，坚持"以人为本"的主体教育

"以人为本"的根本出发点就是人的全面和谐的发展，它是以全面提高

人的综合素质为宗旨的教育观。以"以人为本"为核心的人文学科的教育目的，在于弘扬人文精神，重视人的人格与尊严，以人的发展为根本目标。这种渗透人文思想的教育理念要求我们：树立由传统的"以教为中心，以传授为手段，以应试为目的"转向"以学生的学习为中心，以问题研究为手段，以个性发展为目标"的新的教育观；树立由传统的"教师为主导，学生为主体"转向"平等、民主、和谐"的新的师生观；正确处理"教教材"和"用教材教"两种不同教材观的问题，以丰富、翔实、贴近学生实际的资料辅助教学，开发新的课程资源，树立新的教材观；运用多元、多维、全面的评价方式，树立"关注差异，人人成才"的新的评价观。

要在思想政治课教学中渗透人文精神教育，必须始终坚持以人为本的现代教学理念。教师在教学过程中要突出学生的主体地位，从根本上摆脱"为了应试而教"的束缚，立足于提高学生的整体素质；要突出加强人文精神的熏陶，以学生为中心；突出思想情感、道德观念、人格品质的培养；突出学生潜能的开发、创造力的培养和自我实现，来塑造完善的人格，促进学生个性的充分发展。

教师是培养学生成为具有较高人文精神的关键。教师除了要有精深的专业知识之外，本身必须具备人文精神。人文精神要成为教师的一种品格。要做到这一点，首先教师必须有高尚的人格。苏联教育家苏霍姆林斯基有过精辟论断："只有人格才能影响到人格的发展和规定，只有性格才能养成性格。"一位教师的人格力量不仅可以提升他的教育权威性，更重要的是可以长远而深刻地感染学生的灵魂世界。"学高为师，身正为范。"教师的榜样示范作用对学生的影响远比教师向学生传授的知识的影响深远。因此，人文精神培养对教师提出了更新、更高的要求，教师除了师德高尚、业务能力强，还要具备良好的人文素养，增加自身的人格魅力，言传身教，为适应新时代教育改革与发展的需要培养高素质的人才。

三、寓人文教育于政治课堂教学中，增强人文精神培养的实效性

（一）以培养学生健康心理、健全人格为本，坚持民主、和谐的师生观

1. 关注每一个学生，相信每个学生都能取得成功

"以人为本"首先要关注每一个学生，用积极乐观的眼光和态度来欣赏每个学生，最大限度地开发每个学生的潜能，使每个学生的素质都得到提高。针对不同学生，采取不同方法，真正做到因材施教。课堂上，教师在提出问题时要特别注意层次性，即设置一项活动或提出一些问题后，应能使不同层次的学生都能参与，都能回答。一般来说，可围绕一个训练点，组织一连串的问题。构成一个指向明确、由浅入深、思路清晰、具有内在联系的问题链。这样既能锻炼学生的思维能力，又可以增强不同层次学生学习的自信心，提高其思考问题的积极性。

例如在高一《经济生活》讲授"价值规律"这个难点时，教师可以将问题化大为小，采取逐层设问：

（1）在商品交换时，人们遵循什么样的交换原则？

（2）当货币产生以后，商品之间的等价交换是怎样体现的？

（3）在实际生活中，我们为什么会经常看见价格上下波动的现象？

（4）价格围绕价值上下波动是否违背了价值规律，我们应该认识到的本质问题是什么？

（5）从价值规律角度分析中国加入 WTO 对民族企业发展的积极作用。

这些问答的设置既注意到学生认知能力的逻辑发展，又注意对学生从事物的认识、观察、分析、解决问题，思维能力的训练，到思想上的升华。特别是最后这个问答，可以充分调动学生的开放思维。一般情况下，学生至少可以答出：中国加入 WTO，会迫使我们的企业不断改进技术，提高劳动生产率，激发我国企业的活力，实现优胜劣汰。能力较强的学生则可以进一步

发散思维，答出在世界市场上调节生产资料和劳动力，利用国际分工，扬长避短，更有利于吸引外资等。

2. 突出学生的主体性，开发每个学生的智力潜能

思想政治课课堂教学要坚持以学生为本，促进学生人格、个性自主和谐地发展。教师在教学中应把建构学生学习主体作为教学目标，注意给学生创造更多机会体验主动学习和探索的"过程"和"经历"，让学生拥有更多的自主学习探究的时间，以培养学生的个性与创造能力。所以，在思想政治课教学中，教师应尽可能多地设计一些典型的、有现实意义的情境或案例，以大量情景材料，引导学生分析、理解，感悟生活，升华情感。如在讲授"我国农业的发展"时，可以通过小组合作，上网查阅并展示我国当前农业的现状、西方发达国家农业的有关情况等图片和资料，引导学生分析我国当前农业落后的原因有哪些？与发达国家相比，我国农业有哪些差距？给我们什么启示？针对目前我国农产品市场的现状，用课本所学知识，请学生为我国农业的发展出谋划策。根据教材内容，适当尝试让学生自主学习或让学生自己参与讲课，师生角色互换。在交流互动中，使学生的主动性、积极性和创造性得以充分调动，在获取知识的同时展现个性，增强自信。

（二）以学生对知识的心理需求为本，坚持丰富、翔实、贴近学生实际的教材观

钻研教材，寻找人文教育的切入点，将知识纳入更加深刻的人文背景中，做到知识和人文精神的融合。例如在讲授"市场交易原则"时，可以先介绍"价值规律要求以商品的价值量为基础，实行等价交换"等基本经济原理，在这个理论支撑下，引导学生得出这样的结论：自愿（自由）、平等、公平和诚实信用作为现代文明的象征，作为基本的伦理规范，只会真正地产生于商品经济高度发达的阶段。在此基础上，帮助学生具体分析自愿（自由）、平等、公平、诚实信用这些原则所蕴含的深刻的人文精神，结合《公民道德建设实施纲要》中提出的公民基本道德规范："爱国守法、明礼诚信、团结友善、勤俭自强、敬业奉献"进行思想教育。通过这样的学习过程，可以把单纯的对知识的讲解，上升到人文精神的培养，引导学生明确在市场经济条件下，市场交易也要遵循道德规范，从而达到人文精神教育的目的。

党的十四届六中全会提出："要积极组织学生参加生产劳动和社会实践，帮助他们认识社会、了解国情，增强建设祖国、振兴中华的责任感。"大力开展社会实践活动，是提高中学生人文精神最直接、最生动的方式。指导学生参加社会实践，进行广泛的社会调查，通过教师的适当引导，学生对充满挑战与竞争的社会进行深入调查，使其接触现实生活，提高实践能力。因此，这种学习过程也是培养学生人文精神的重要途径。如在学生学习"提高企业经济效益"的内容时，学校通过组织学生参观燕京啤酒厂、汇源果汁厂等大型现代化企业，让学生在参观中真正理解"科学技术是第一生产力""科技和管理是我国经济建设现代化必不可少的两个轮子"的道理，通过接触、了解社会，增强社会责任感和使命感。

（三）以尊重、保护学生的自主创新为本，坚持关注差异、人人成才的评价观

以往政治成绩的考核评价，主要由平时、期中、期末考试成绩组成，而促进学生全面发展的教育观，更应该关注学生的能力、关注学生的行为实践的培育效果。因此，要改革思想政治课的评价手段、方式和标准，坚持以尊重、保护学生的自主创新为本，坚持关注差异、人人成才的评价观，实现知、情、行的统一。平时成绩的考核可以采取这样几种形式：课前5分钟的时政演讲、研究性学习的课题报告，或者针对现实生活中的某一问题写一篇政治小论文或体会等。例如在学习"人生的真正价值在于对社会的贡献"时，要求学生运用这一原理，结合学生自己的实际，写一篇小论文或新闻评述；在学习"提高企业经济效益"时，要求学生运用"科技和管理是经济发展关键"这一原理，结合参观燕京啤酒厂的实践经历，谈谈如果自己是一位厂长，将如何提高企业的经济效益。通过开展研究性学习，使学生的兴趣爱好、个性特点在活动中得到充分的发挥，在获得知识过程中开发个人潜能，实现自我价值。

高中阶段是青少年成长的关键时期，在这一阶段加强对高中生人文素质的培养至关重要。随着新课程改革的深入开展，教师应该广泛开发和利用人文精神的教育资源，引导学生以天下为己任，厚植爱国情怀，砥砺品德，形成正确的世界观、人生观和价值观，为心灵埋下真、善、美的种子。在新的历史时期，作为德育教育主渠道的思想政治课堂更应该肩负起这个义不容辞的责任，抓住机遇对学生进行人文精神的培养，这将对学生今后乃至一生的发展都会产生深远的影响。

高中哲学教学中创新思维与人文素养的培养

创新教育是依据社会主义现代化发展对人才的需要，有目的地培养学生的创新精神、创新能力和创新人格的教育，它是素质教育的核心内容，是培养高素质人才的关键。目前，我国中学思想政治课教学中仍存在着"重教有余，重学不足；灌输有余，创新不足"的问题，在"讲解—接受"的传统教学模式下，很大程度抑制了学生创造能力和创新精神的培养和发展。新课程标准要求以学生为主体来设计课堂教学过程，要为学生构建一种宽松、有序、开放、和谐、愉快的学习环境来唤起他们的学习欲望，使学生能在课堂上真正地投入到问题探究、思考讨论等各种学习活动中。只有让学生真正投入课堂的各个教学环节中，才能真正激发学生的思维，调动学生的积极性，引发学生的质疑。由此才可能生成进一步促进课堂发展，提高课堂教学有效性的独特的教学资源。

哲学是一门给人智慧、使人聪明的学科，但刚刚升入高二的学生普遍认为哲学抽象、难理解。面对这种现状，教师不要囿于原有的课堂教学素材和模式，而应根据学生的学习需求、课堂学情的变化，及时采取积极措施，找到有效的应对策略，把灵活、创新的成分、因素、信息等弹性要素纳入教学中，调整原有的教学目标、教学环节、教学方法，以激发学生学习的内在动力、开阔学生的思维、调动学习的积极性、引发学生的质疑，使课堂效果达到质的飞跃。在哲学课堂教学实践中，可以做如下几方面的尝试。

一、用俗语典故丰富哲学课堂，激发学生兴趣，增强人文素养

心理学专家林崇德说："兴趣是一种特殊的意识倾向，是动机产生的主观原因……兴趣具有追求探索的倾向，良好的学习兴趣是学习活动的自觉动力。"学生若对哲学的学习毫无兴趣，就会失去学习的内在动力，其结果不但会影响学生的学习成绩，还会削弱思想政治课在学生心目中的信誉。

中华传统文化博大精深，俗语简练而形象化，是广大劳动人民在长期的生产和生活实践中创造出来的，反映人民的生活经验和愿望。用形象、生动、显而易见的俗语来解释深奥、抽象的哲学原理，可以使学生明白哲学其实就来源于生活，就在我们身边，对我们学习、生活、工作都具有指导意义。如在讲授"矛盾的特殊性"时，用"世界上没有两片完全相同的树叶""对症下药""因地制宜""量体裁衣"等名句或谚语，说明世界是千差万别的，要具体问题具体分析；在讲授"规律的客观性"时，用"拔苗助长"的故事，说明规律是客观的、不能违背规律，一旦违背客观规律，必然受到规律的惩罚，教育学生要按客观规律办事；在讲授"矛盾"时，用"塞翁失马，焉知祸福"的典故，说明矛盾的双方在一定条件下可以向相反的方向转化，教育学生要运用辩证的观点看待问题。用俗语典故丰富哲学课堂，激发了学生学习兴趣，弘扬了中华优秀传统文化，增强了学生人文素养。

在课堂教学中，引用故事"小偷使锁日臻完善"谈矛盾推动事物发展，"假如没有小偷，锁会达到今天这样的完善吗？这种现象揭示着辩证法的一个重要道理，即事物的矛盾推动着事物的发展。矛盾是由彼此对立的双方构成的。矛盾双方的相互分离、相互排斥、相互否定，谓之矛盾的斗争性；矛盾双方的相互依存、相互吸引、相互肯定，谓之矛盾的同一性。学生们通过比较生活中彼此相反且具有内在联系的两类现象，就会很容易发现，矛盾双方的确是相互依存、相互吸引、相互肯定的，从而达到事半功倍的教学效果。

二、构建生活化的哲学课堂，增强人文精神，促进学生发展

人文性在教学中就是以学生为本，教学要以学生的发展（包括知识、能力、个性、情感、创造性等）为出发点。思想政治课程的人文性包括人文教育、人文素养、人文精神等。为让学生喜欢上政治课，许多教师在课堂上运用了大量的事例，学生在听得兴高采烈之余，头脑中却没有留下学科相关内容的痕迹，那么学科能力与素养的提升也就成为一句空话。究其原因，一方面是教师没有对事例进行认真的筛选，另一方面是教师没有引导学生站在学科角度去说明、分析这些事例，没有引导学生进行概括提炼，未能使学生从感性认识上升为理性理解。

这一误区在《生活与哲学》模块的教学中最容易出现，即所谓的把哲学庸俗化。新课程强调生活化的哲学，不等于把哲学庸俗化。哲学就在我们身边，但它是对人们生活知识的高度概括和总结。教师一定要根据教学目标对所选取的事例进行科学合理的筛选，选取那些对知识的获取、能力的形成、情感态度价值观的培养影响比较大、意义比较大的生活事例来作为教学案例。此外，在总结哲学道理时，用语必须专业化、术语化，避免说白话和空话，从而避免把哲学教学庸俗化。

例如，《生活与哲学》第二单元第四课《探究世界的本质》。导入学习哲学意义上的"物质"概念时，一定要搞清楚物质与物质具体形态的关系。

师：我们日常看到的如桌子、椅子、金、木、水、火、土等物质具体形态与哲学意义上的物质有什么关系呢？

生：思考并讨论二者之间的关系。

师：桌子、椅子、金、木、水、火、土等都是物质的具体形态，哲学上的物质是对各种物质的具体形态（即万事万物）的抽象与概括，它们是共性与个性的关系，不是整体与部分的关系，不能说万事万物的总和构成了物

质，物质寓于物质的具体形态之中，物质具体形态表现物质的特性。上述关系搞不清楚就很难理解世界是物质的。

哲学中的许多概念、许多观点都很抽象，造成有些学生在理解哲学上的"物质"概念时，把哲学上讲的物质等同于生活中的物质现象。在教学中只有认识清楚哲学与生活的关系，将哲学教学置于生活之中，脚踏实地，哲学理论才有说服力，才能避免哲学的庸俗化。这就需要教师把理论联系实际的教学原则贯彻好，紧密联系学生的生活实际，选取通俗易懂的生活事例来进行教学。

三、以学生为本，关注课堂生成，培养学生创新思维

创新是社会与民族进步的动力和灵魂，也是教学改革与发展的动力和灵魂。教师要成为学生成长发展的引路人，在学生成长中，要构建良好的师生关系，培养学生学习的主动性，鼓励和支持学生的好奇心和探索精神，增强学生的创新能力。

在备课过程中，教师要敢于求异，尝试不同的教学设计。创新教学设计要求教师能够站在国家立场上，具有时政敏感性，随时关注国际、国内的新闻，及时补充最新的信息；能够站在学生的角度，有效地整合教材知识，创设教学新情境。

在授课过程中，教师要鼓励学生寻找生活与教材知识的连接点，鼓励学生对教学中的问题大胆探索，激发学生充分参与课堂教学活动，在实践活动、小组合作探究中进行平等、和谐、民主的对话。在互动的教学活动过程中，教师可依据动态的学情及时调整教学设计，让政治课的课堂具有生命力。

课堂教学中，教师要充分运用学生已有的生活经验，提供给学生鲜活的生活中的素材，还要调动学生已有的知识储备，关注学生的兴趣点，让学生

"有话可说"。

例如，讲授《世界是普遍联系的》时，教师通过 PPT 出示"阅兵蓝"和北京雾霾的对比照片。

师：面对雾霾的影响，我们采取了哪些措施治理雾霾的呢？

（学生分成三组，从政府、企业、市民的角度分组讨论，并借用智能手机强大的查询功能在课堂上查找资料。5 分钟后学生发言。）

生：我们政府组认为，在治理雾霾的过程中，政府履行了相应的职能。比如发布预警信息、出台行政法规对违规排放污染物的单位和个人进行处罚、采取单双号限行等措施。

生：我们企业组的做法是，采用新型能源，降低能耗，减少污染物的排放，部分生产单位停工停产。

生：我们市民组积极响应政府号召，绿色出行，提高环保意识，杜绝露天烧烤……

师：还有要补充的吗？

生：（积极进行补充）

教师通过选取与人们生活密切相关的素材，通过问题探究的方式，指导学生在查阅资料中整合信息，归纳整理答案，调动了学生的积极性，引导学生去充分思考，通过这种真实的碰撞和交流，激活了学生的创造思维。

教学过程是一个整体，由许多相互联结的环节组成，这些环节有着一定的先后次序。由于教学预设的完成情况会不同，所以，有的时候需要教师根据课堂生成情况和学情的变化，科学、合理、灵活地调整教学环节；有的时候教师预设的某个环节的教学目标不仅达到了，而且在其他环节上预设的结果也生成出来，那么教师就要对原有的教学环节进行删减，或者调整教学环节的先后顺序以及教学内容。

例如，《生活与哲学》第三单元第九课《矛盾是事物发展的源泉和动力》教学片段。

师：将学生分成小组说说你所知道的矛盾。学生进行 1 分钟讨论后，请几个学生在黑板上书写他们的讨论结果。

教师预设：学生更多地会写生活中的各种冲突现象。

实际生成：有些学生已经在黑板上从自然界、人类社会、思维领域进行了分类举例，而且例子已经体现出了矛盾的对立统一关系，而不仅是教师预设的学生只会写出表现对立的案例。

师：观察大家刚才列举的这些矛盾有什么特点？

教师预设：通过学生观察分析发现，同学们眼中的矛盾实际上都是日常生活中的矛盾，人们关注的日常生活中的矛盾其实只注重对立、差别。

实际生成：

师：通过同学们的观察，我们发现其实在自然界、人类社会、思维领域都存在着矛盾，这说明矛盾具有什么特征？

生：矛盾具有普遍性。

师：如何进一步理解矛盾的普遍性，我们一会儿再共同研究。

教师预设：矛盾是不是只有对立属性呢？如果只有对立，矛盾又该怎样化解呢？矛盾化解的方式和途径是什么呢？

实际生成：通过同学们的分析，我们还找到了矛盾的两个基本属性，斗争性和同一性，即对立和统一，这与很多人认为的矛盾就是指对立关系是不同的。请大家想想，如果矛盾只有对立属性，那么矛盾该如何解决呢？

生：矛盾不能只有对立属性，还应该是统一的，这样才能通过矛盾的统一化解矛盾。

师：可见，矛盾有两个固有的属性，即对立和统一，我们也可以称为斗争性和同一性。那么如何理解这两个固有属性以及二者之间的关系呢？

在这个教学过程中，由于学生在案例举例和讨论中就已经涉及矛盾的对立和统一两个属性，同时也涉及了矛盾的普遍性。如果仍然按照教师的预设问题进行下去，忽略学生的生成，会导致学生生成的无效。教师此时抓住学生生成的资源及时调整自己的课堂提问，同时将后边的矛盾普遍性环节的引入提前到矛盾属性环节，这样有助于学生更有效地掌握知识，同时也会避免某些教学环节的重复，从而有助于提高课堂教学的效率。

综上所述，如何有效促进哲学课堂教学的实效，如何利用已有的知识和经验促进课堂教学新的生成，促进学生的创新思维和人文素养的发展，这些问题都是教师在教学实践中需要不断地尝试和探索的。

以多元导入激发学生学习动力的
思想政治课教学

早在几千年前，我国教育家孔子在《论语·述而》中提出："不愤不启，不悱不发。"瑞士教育心理学家皮亚杰也提出："每个学习者头脑中都有一个认知结构，外界环境的刺激首先作用于认知结构，认知结构倾向于它才能被知觉，否则视而不见，听而不闻。"这些教育理论告诉我们，教学要真正取得效果，则学生必须是有目的地主动学习。

"问渠那得清如许，为有源头活水来。"课堂导入是引出问题、创设情境、培养学生的学习动机、激发学生的学习兴趣，为教学做好铺垫的基础。巧妙地导入可以把学生的注意力吸引到课堂上来，有利于激发学生的求知欲和好奇心，激发学生内在的思维和创造性，更好地提高学生的学习效率，进而达到提高教学质量的目的。为此，在课堂教学中应首先关注课堂导入环节。

一、课堂导入的目的

（一）激发学生的学习动机与兴趣

德国著名教育家第斯多惠曾经说过："教学成功的艺术就在于使学生对

你所教的东西感兴趣。"中学政治课普遍被学生视为是枯燥无趣的副科,学生在上课前很少会对课程内容充满期待。在教学过程的第一个环节,教师如果能够在认真分析学生情况的基础上,从学生感兴趣的话题入手,采用幽默有趣、富有悬念或者感人至深的导入方式,就可以让学生对接下来的教学内容产生浓厚兴趣。这样的教学导入将激发学生的求知欲,唤起学生的学习动机,让学生以一种愉快的心情快速进入课堂学习状态,从而有利于教学活动的顺利开展。

(二) 调动学生的生活情感体验

我国著名特级教师于漪曾说过:"课的第一锤要敲在学生的心灵上,激发起他们思维的火花,或像磁石一样把学生牢牢地吸引住。"教师以学生已有的生活、学习体验作为课堂导入,会瞬间吸引学生的注意力,将学生的兴奋点迅速从课下转移到课上。同时,因为导入内容是学生所熟悉的生活体验,更利于调动学生的情感体验,点燃学生学习的激情,引导学生积极参与到课堂教学中。

(三) 提升学生的知识整合能力

中学政治课的教学内容之间都存在着较为严谨的逻辑关系。教师可以利用导入环节帮助学生对已知的问题进行回顾,从而引出新知的内容。在这一过程中,学生需要运用已有知识分析新的情境、解决新的问题、学习新的知识,这既可以激发学生探求未知领域的好奇心,也可以引导学生从整体上把握所学内容,提高分析、整合、运用知识的能力。

二、课堂导入的方法

课堂导入作为课堂教学中的一门艺术,没有固定的方法。教师可以在坚持科学性、时效性、趣味性、启发性原则的基础上，依据课标要求、学情差异及教学内容难易程度等相关因素，选取恰当有效的导入方法，力求达到事半功倍的教学效果。思想政治课教学导入通常可以采用以下几种方法。

（一）直接导入法

直接导入法就是教师直接阐明本课题的学习目的和要求、各个重要部分的内容及教学程序的导入方法。这种导入方法直接且用时短，能够比较快速地引导学生进入教学主题。但是对于中学政治课教学而言，这种导入方式相对比较枯燥、缺乏趣味性和启发性，不太容易调动学生的学习兴趣。

（二）情境导入法

"情境导入法就是教师通过创设某种情景，渲染课堂气氛，引发学生情绪，让学生置身于特定情境之中，感悟教材的内涵的一种教学行为方式。"中学政治课运用情境导入法可以在一定程度上克服传统政治课枯燥无味、不受欢迎、老师难教、学生厌学等弊端。教师在使用这种导入方式的时候应该注意创设的情境一定要与学生的生活体验相结合，情境要真实、自然，能够引起学生的认同感，从而激发其探究的兴趣。

例如《价格变动的影响》课堂导入：十一长假即将到来，高一学生小明和父母计划去山东旅游。但是有一些问题却困扰着他，面对黄金周一票难求的情况，到底是应该乘坐火车还是自驾游呢？旅游景点的纪念品价格都很贵，但是小明又想给同学们带一些特色商品回来，到底该如何选择呢？让我们跟随小明的脚步，在帮助他解决这些问题的同时了解价格变动给我们生活带来了哪些影响？

很多学生都会有十一长假和父母外出旅游的经历，在旅游的过程中交通工具的选用、商品的购买都涉及价格的相关知识。教师设置这样一个与学生同龄的孩子的长假旅游的情境，容易引起学生的共鸣，激发其探寻新知的欲望。

（三）问题导入法

中学政治课堂教学导入要真正激发学生的学习动机仅靠问题情境的设计是不够的，还必须使问题情境中潜在的矛盾或差异表面化、激化，被学生主体充分地意识到。这就需要引导学生从原有认知结构中提取出与新内容相关的内容，与新内容形成对峙。

方法一：从旧知识中引出新知识。

依据新旧知识之间的内在联系，通过不同的方式引导学生回顾已学过的知识，并在此基础上将其发展、深化，引出新的教学内容的导入形式，也称为复习导入法。这种导入方法的关键在于对旧知识的选取，选取的知识必须要与本节课所讲新知识之间有严密的逻辑关系。只有这样，才能够在复习巩固已学知识的同时引导学生关注知识之间的内在逻辑关系，从而提升学生分析问题的能力，激发学生对于新知的学习兴趣。

采用复习导入法时，教师可以通过简单提问、课前默写、习题检测、逐层展示知识导图等常规方式对旧知识进行巩固，然后针对新旧知识的连接点或者新知识的相关内容提出问题，引发学生深入思考，从而顺利进入新课的讲授环节。根据知识之间的逻辑联系，找准新旧知识的联结点，以旧知识为基础发展深化，从而引出新的教学内容，达到温故知新的目的。

导入时要注意：提示或明确告诉学生新旧知识的联系点，以引导他们思考，从而明确新旧知识之间的联系，进入新的学习；通过有针对性的复习为学习新知识做好铺垫，同时在复习的过程中又要通过各种巧妙的方式设置难点和疑问，使学生思维暂时出现困惑或受到阻碍，从而激发学生思维的积极性，造成学习新知识的契机；要精选复习、提问的旧教材内容和编排习题，使之与新内容之间有一紧密联系的"支点"，从复习到讲授新课过渡得连贯自然。

方法二：从已有的生活经验中发现新的问题。

在新内容与学生的有关经验既有联系又有区别时，教师可以学生已有的生活经验、已知的素材为出发点，通过生动而富有感染力的讲解或提问等方式引导学生从已有的生活经验中发现新的问题，引起学生的求知欲望，引导学生动脑思考。例如美国一所大学的法学教授哈罗德·伯尔曼在给一所中学的学生们讲授法律类型及其适用范围时，打比方道：一个孩子说"这是我的玩具，别动它！"——这是财产法，合法的财产神圣不可侵犯；一个孩子说"你答应过我的，不要反悔！"——这是合同法，每一个人都要对自己的承诺负责；一个孩子说"他先打我的，他应该道歉和罚站！"——这是刑法，伤害他人或者侵犯他人合法权益，就应受到惩罚；一个孩子说"爷爷奶奶给的零花钱我不能独吞，我必须要上缴一部分给妈妈！"——这是税法，任何人的收入必须有一部分要上缴政府；一个孩子说"我要把你做的事全部告诉老师！"——这是诉讼法，私下解决不了的纠纷，就必须通过诉讼的途径；一个孩子说"爸爸说不可以，我们还是不要去做吧！"——这是宪法，最具权威性的法律，任何其他法律条文或者组织规范都不可挑战它。哈罗德运用学生日常生活中的语言，解释深奥复杂的法律知识，既形象深刻，又风趣幽默。这样深入浅出的法律课，学生们一下子就分清了法律类型及其适用范围，提高了课堂效率。

导入时要注意：一定要选择学生非常熟悉的生活经验、体验或素材，这样才能引起学生的共鸣，调动起所有学生的情绪；所选择的内容要与新的教学内容有关，但不明白为什么的现象；教师要在关键处提出问题，引导学生对"熟视无睹"的现象进行思考。

例如《消费者依法享有的合法权益》一课，以2012年3月15日中央电视台"3.15"晚会曝光的"麦当劳三里屯店存在食品安全问题"为例来导入新课，针对"牛肉饼掉在地上不经任何处理接着二次销售、过期的甜品更改包装接着卖、保存期只有30分钟的吉士片在4个小时之后依然可以使用"的行为提出以下问题：麦当劳三里屯店的这种行为有没有侵犯消费者的合法权益？侵犯了消费者的哪项合法权益？消费者依法享有哪些合法权益？"这种运用学生身边事例，依据学生已有的生活经验导入新课的方法，能够引起学生的共鸣，调动学生学习的热情，强化学生的学习动机，活跃课堂气氛，使学生在宽松的氛围中学习知识，理论联系实际，学以致用，提高了其分析问题、解决问题的能力。

（四）时事述评法

中学政治课与其他学科相比较，最大的一个特点就是具有时政性，时政教育是中学政治课的重要组成部分。为此，在课堂导入设计的过程中教师可以通过学生时事述评的方式突出这一特色。

教师可以将下节课所要讲授的教学内容提前告知给相关同学，引导学生利用课余时间通过看报纸杂志、看电视、听广播等方式查阅、搜集与教学内容相关的最新的时政要闻。课前学生利用3～5分钟的时间报道国内外大事，并运用所学的学科知识对这些时政热点进行评论，阐述自己的观点。学生发言后，可以由其他同学对时事热点进行补充评论。最后，教师可以针对学生的时事评述作简要评论，并结合学生报道的相关新闻提出思考问题，引出本节课的授课内容，完成导入环节。通过这种导入方式可以"让课堂有民主的声音、社会的声音、世界的声音"，有利于开阔学生的视野，在增强学生对时政热点的关注度的同时提高其观察生活、搜集信息、提炼概括以及分析现实问题的能力。

例如，《公民的基本义务》课堂导入。

师：展示照片，受雾霾影响的北京城。昨日，北京重污染进入第五天，污染状况并没有像预期那样有所缓解，反而更加严重。北京市教委再次发布"橙色预警"应急预案，表示未来3天，除了中小学停止户外活动外，少年宫和校外教育机构也要参照执行。市环保监测中心表示，截至昨天17时，城六区、东南部、西南部等多数站点，PM2.5浓度都超过每立方米300微克，京城重污染的形势仍将维持。

生：面对雾霾肆虐的严峻形势，我认为单纯依靠政府治理空气污染远远不够，还需要我们每一个人的努力。每人省一滴水，少开一天车，少浪费一张纸，多种一棵树，多使用节能产品……我们这些点滴行为都会对空气质量的改善带来积极的作用。

师：正如刚才这位同学所说，我们每一个人都是环境污染的受害者，同时也是环境污染的制造者。作为普通中学生，我们在治理环境的过程中应该有所作为，这是我们每一个人应尽的义务。

将学生的时事评述作为课堂导入形式，一方面调动学生关注新闻时事的积极性，培养学生从新闻播报中提取有效信息的能力；另一方面教师借助时事播报的素材引入新课，自然过渡，激发学生的学习热情。

此外，教师还可以通过活动、故事、演示等方式提高课堂导入的有效性。

三、课堂导入避免以下问题

（一）导入时间过长

课堂导入环节并不是课堂教学的主体部分，导入的目的主要是为了引入课题，调动学生的学习积极性。为此，教师在导入环节要用简洁明了的语言，快速且巧妙地引入课题，导入的时间一般为3～5分钟比较合适。

（二）导入脱离学情

课堂的主体是学生，课堂导入的设计应该充分考虑到学生的认知水平、能力水平、心理特点、生活体验等多方面的情况。即使是同一教学内容，教师也要具体分析不同班级的学情差异情况，采用不同的导入方式，只有这样才能够激发学生的学习兴趣与动机。

（三）导入重形式轻内容

课堂导入应该与课堂教学的主要内容息息相关，通过有效的导入形式引导学生快速进入课堂学习状态中去。过于注重导入的生动有趣、形式多样，虽然能够吸引学生的注意力，但是会让学生忽视导入环节所涉及的知识内容的重要性，不利于后续教学活动的顺利实施。

因此，巧妙的导入可以激发学生内在的思维和创造性，达到提高学生的学习效率、提高教学质量的目的。教师在坚持科学性、时效性、趣味性、启发性原则的基础上，应依据课标要求、学情差异及教学内容难易程度等因素，选取恰当有效的导入方法，最终达到事半功倍的教学效果。

思想政治课教学中小组合作学习的
有效性探索

随着课程改革的推进，体现新课改理念"自主、合作、探究"的合作学习在中小学课堂上已被广泛采用。合作学习在帮助学生掌握学科知识，培养学生的团队意识和合作能力，促进学生个体全面发展等方面具有其他教学形式无法比拟的优势。但在实际操作中，教师很难挖掘出合作学习的实质，教学方式往往过多偏重于形式，忽视了合作学习的深刻内涵，更很少反思采用合作学习是否有效。

一、合作学习实施中存在的困惑及原因

（一）缺乏实质的合作，停留在"小组讨论"的层面上

在日常听课时，经常看到老师们通常采用的小组合作学习，大多是让学生以小组为单位坐在一起学习。例如学生做作业时，让他们一起互相交谈或者让已经完成任务的学生去帮助未完成任务的学生，还有就是老师布置一个专题让学生分组讨论。这样的学习是没有实质的合作的，只能算是传统教学中的"小组议论"。究其原因是教师没有真正领会小组合作学习的内涵，没有意识到仅让学生在距离上靠近，是无法促进学生认知和情感的变化，形成

一种合作学习的精神和意识，从而获得有效的合作学习的。

（二）缺乏主动性，出现"搭便车"效应和"吸盘"效应

在合作学习中经常有这样的情况，有的组在为谁记录谁发言而争吵；有的组学生静悄悄地做自己的功课；有的组虽讨论起来了，但说的却是别的话题；几乎每次分组学习，总有人做"话霸"，总有人一言不发，合作学习成了学优生发挥自己潜能、表现自己才能的舞台，而相对而言的学困生则往往被忽视，无形中失去了思考发言表现的机会。导致学生参与度不均衡的主要原因是学生的个人职责不明确，以及老师只关注小组的学习结果，不注意学习过程和个人的学习情况。这就使得一些能力低的学生有时会把任务留给他人去做，从而产生"搭便车"效应，同时，能力较强的学生会少做努力，以避免去做所有的工作，即"吸盘"效应。

（三）缺乏合作技巧，影响合作学习的实效性

在开展小组合作学习时，一些学生并不知道怎样才能与其他人进行有效的合作。例如：合作小组成员不具备合作的心理倾向，无法进行有效的互动交流；有些小组学习，合作前缺乏必要的前提准备，匆忙展开讨论，致使小组合作秩序混乱，学生发言七嘴八舌，没有中心；有些小组合作的问题内容过于简单，缺乏讨论研究交流的价值，学生在合作时无所事事、浪费时间等等。出现这种状况，一是现在的学生大多是独生子女，普遍缺乏合作意识和机会；二是学校或班级缺少合作或和谐的学习、交流氛围；三是受传统思想的影响，一些人竞争观念胜于合作观念。

（四）教师缺乏准确的定位，没能发挥主导作用

有些公开课上老师预先布置好专题，课前学生分组调查研究，做一些信息的收集整理工作，然后课堂上小组交流展示；在整个操作过程中，学生在

讲台上轮流讲解，在形式上成为课堂的主体，老师只是站在旁边观看，缺少及时、适度的点拨，实际上忽视了教师应该发挥的主导作用。

（五）缺乏合理的评价标准，忽视学生个体评价

在一些合作学习中，老师对小组合作学习评价用的是"目标取向评价"，即根据预定的目标，对每个小组的总结发言或作业（调查报告、小论文等），打上一个团体分数。目标取向评价最大的弊病就是忽略了人的行为主体性、创造性和不可预测性，忽略了过程本身的价值。这就造成了如下问题：一是评价主体单一，老师是唯一的评判员；二是评价只着眼于对整个小组的评价，没有关注学生在活动中的个体反应；三是评价只重视结果，忽视学生的学习过程。

二、思想政治课合作学习的实施策略

（一）做好教学设计，是合作学习实施的前提

教师应做好教学设计，科学、合理地提出合作探究问题。写好教案是教师在制定方案时要做好的工作，即实施教学准备策略。在课堂教学前，教师必须为合作学习选准、选精学习内容，假设合作学习过程出现的问题，提出解决问题的方案，以确保合作学习的实效性。

1. 提出学生"需要"交流的问题

合作必须建立在学生个体"需要"的基础之上。只有学生经过独立思考，有了交流的需要，开展合作学习才是有价值的。例如：我国当前为什么把发展农业作为经济工作中的重中之重？加入WTO后，我国企业应该怎样面对？企业经营者应该具备哪些方面的素质？显然，这些问题是具有一定交流价值的，合作学习的效果远好于让学生单独回答。在教学实践中，一些性

格内向、平时不愿回答问题的同学都在积极地发言，课堂不再是教师的"一言堂"和少数同学的舞台，而成为学生们思维碰撞、交流和展现自我的场所。

2. 提出值得探讨、质疑的问题

合作学习要求教师关注培养学生"独立思考，善于运用发散性思维、批判性思维，既敢于提出自己的意见，也勇于接受别人的批评；在完成任务中，敢于创新"。尤其是在教学中出现易产生认知冲突的内容、学生意见不统一或有创新意见时实施合作学习，更能加深他们对学习内容的深层、全面的理解和感悟，表现出对合作学习的成功把握。

3. 提出涉及评判的内容

在政治课教学中，有很多涉及价值判断和多种决策途径可供选择或权衡利弊得失的内容，这些内容可通过小组合作学习进行。例如"如何看待人民币升值现象""任何两个事物之间是否都存在联系"等问题。

（二）教师的主导，是合作学习发展的动力

1. 合作学习过程中教师角色的把握

在学生合作学习过程中，教师并不是无所事事，而是要担负起更大的管理责任。自主不等于自流。教师应合理引导，积极调控，承担好学习促进者的角色。在教学准备阶段，老师要确定课程、分好小组、安排角色。如在"走进京郊，关注三农"活动中，教师把每班分成 3 组，每组同学以 4~5 人为一单位分成小组，以抽签的方式，确定本次活动的研究课题，分工负责，责任到人，即摄影记录、收集资料、汇总资料等。为激发学生的学习兴趣，在活动前，由老师组织学生做一份"我国三农问题知多少"的问卷调查，一方面了解学生对三农问题的已知情况，另一方面进一步激发学生对这次活动的兴趣和热情。在教学实施阶段，教师首先要解释学习任务，然后在小组合作过程中仔细观察每个合作小组的合作情况，以便及时发现小组合作过程中

存在的问题，并采取相应的措施调控，保证合作学习的顺利开展。

每次开展合作学习时，教师要深入每个学习小组，及时发现问题，解决问题，对活动开展顺利的小组，及时予以表扬；对角色分工不清，讨论混乱无序的小组，帮助学生明确角色，使他们尽快进入有效的讨论；对讨论偏离主题的小组，及时发现，及时制止，将他们引回到学习任务中来；对讨论时出现本节课要求深入理解的问题，拿出来供全班同学思考、讨论，引导各小组关注该问题，尽量让学生自己找到规律，独立解决问题。可见，老师并不仅仅是讲台上的传授者，而更应该是小组合作学习的指导者、合作者、管理者。

2. 合作学习过程中合作学习时间的把握

合作学习的时间是教师在实施合作学习之前必须考虑的问题。太长，学生没有紧迫感，讨论容易偏离主题，浪费时间，有时可能会完不成教学任务；太短，又往往出现蜻蜓点水式的合作，多数学生得不到锻炼，学生自我实现的需要得不到满足，达不到促进学生发展的目的。在教学实践中，要根据合作学习任务的难易程度和学生的实际情况，在征求学生意见的基础上，确定合作学习的时间，并随时根据情况进行调整，确保合作学习的顺利实施。

（三）合作互补、共同发展，是合作学习的实质

合作学习终极目的不是为合作而合作，也不仅是通过合作完成教学任务，而是通过合作互补，培养学生的创新精神、交际能力和合作精神，提高学生的自尊心、学习的自信心，激发学生的学习动机。

在小组合作学习中，学生缺乏主动性，除了学习兴趣等因素外，跟没有合理分组以及是否责任落实到个人有很大的关系。有人认为，水平相近的人同组，易于合作，效果最好。但研究表明，在学生差别很大的学习小组里，学生们似乎有更深入的思考，能给出并接受更多的解释，在讨论材料时能有更深远的见解。既提高了他们的逻辑思维能力，又加深了学生们理解的深度，并能有效地牢记这些知识。所以，在教学实践中，应该坚持实行异质分组，落实责任到个人，即遵循"组内异质、组间同质"的原则。这样既可以增加小组合作成员的多样性，又可以增加合作学习小组的竞争性。

例如，在讲授《我国农业的发展道路》一课时，把全班同学分成 8 个小组，每个小组 6～7 人；要求在自愿的基础上，异质成组，组间同质；组内分工负责，明确责任，责任落实到人。总之，每个成员必须明确各自所担任的角色，明白该为小组做什么。当然，角色要经常轮换，这样做能让学生认识到各个角色的责任以及存在的意义，从中体会要想成功就得同舟共济的道理。

在教学实践中我发现，自由组合并非好办法。有一次，在安排学生进行小组学习时，起初为了体现民主就让学生自由组合。布置完任务后，教室里立刻热闹起来，而我却注意到热闹的教室里有几个学生显得很为难。后来我了解到，这几位学生有的是因为内向，有的是因为脾气太犟，有的是因为学习跟不上，所以每次分组都无法找到同伴。在第二次分组学习时，我是随机分组，并就这几位学生的特长，极力向其所在的小组推荐，使他们获得适当的角色。小刘学习成绩不好，人又很犟，但电脑操作技术熟练，于是被分配负责上网收集资料；内向但细心的小陈负责整理资料；学习成绩一般但口才一流的小王，被赋予联络员和报告员的双重角色。因为找到施展自己才华的机会，几位学生很愉快地参与小组活动，同伴也发现了他们的闪光点，于是大家很快建立起相互依赖的合作关系。由此可见，布置给各成员分配互补或相互联系的任务，可以使他们形成积极的相互依赖和合作。小组合作学习可以为小组成员提供展示自己才华的空间，有效地提高学习效率。

（四）激励评价，是促进合作学习中个体发展的重要手段

合作学习的目的不是简单地解决问题，而是通过学生的行为参与、情感参与和认知参与的整合，培养学生的合作精神，提高学生的民主平等意识、交往能力和敢于创新的精神。在教学中，教师要在时间许可的情况下，尽可能让更多的小组及其成员展示其成果，鼓励学生勇于提出自己的观点，及时地用激励性的语言评价他们的发言，使每个学生都能感受到老师的尊重和认可，培养他们合作学习的积极性。

在小组合作学习中，可以采取学生自评、他评、小组互评等多元评价的做法。主要是评价自己和同伴对团体做出的贡献，并反思合作过程的得与失。在评价时要坚持尊重个体差异，全面、客观地进行评价。如对北京近郊三农发展问题的探讨中，同学们讨论问题的切入点各不相同：有的组通过大量的实地调查，总结出农民收入的变化以及城乡之间收入差距的情况，运用经济学知识，从理论上进行深入分析；有的组是对本乡过去和现在的收入情况进行了对比，阐述了乡政府在发展本地经济中发挥的作用；又如在活动中，每个同学的分工不同，有负责摄像的、有负责采集信息的、有负责汇总信息的……这种情况下，就要尊重个体差异，注重对个体贡献独特性的认可，给予积极的评价，以促进学生多方面潜能的发挥。

合作学习作为一种教学方法、教学模式，绝不是一种简单的外在形式，而应该是一个不断学习、不断实践、不断完善的内化过程。在解决政治课教学中运用合作学习出现的问题和困惑时，还需要进一步大胆尝试和实践，在教学中强化生生互动、师生互动，在交流互鉴中取长补短，促进全面发展。

《公司的经营与发展》教学设计及专家点评

一、教学背景

（一）课标要求

描述公司的经营表现与发展状况，阐述锐意进取、诚实守信在现代经济生活中的价值。

（二）教材分析

本节课是《经济生活》第二单元第五课的教学内容，重点是公司经营成功的因素。为了满足人们日益增长的物质文化生活需求，必须提供更好、更多的商品和服务。而人们消费的商品和服务，主要是由企业提供的。因此，企业是社会生产和市场中最重要的主体，企业的生产和经营状况直接关系到人民的生活和国民经济的发展。

（三）学情分析

通过前面的学习，学生已经明确生产是社会再生产中起决定作用的环节，千千万万个企业的生产和经营活动，为广大消费者提供了所需的商品和服务，推动着国民经济不断发展。在现实生活中，学生知道居民的生活、国家的发展离不开企业，企业在社会经济生活中发挥着巨大作用。但是，由于学生还没有步入社会，对于企业经营、市场竞争、市场竞争的结果等问题缺乏直观的感受和认识，所以对企业在激烈的市场竞争中如何经营与发展在理解上有一定的难度。因此，需要通过教师在教学中创设情境，通过案例分析和动手实践活动将社会生活与理论知识有机结合，引导学生发现问题、提出问题，在探究中解决问题，形成正确的观点和方法。

二、教学方式

案例教学法、演绎归纳法、问题探究法

三、教学手段和技术准备

多媒体

四、教学目标

（一）知识目标

理解公司经营成功的主要因素；阐述技术、诚信等因素在企业经营中的重要性。

（二）能力目标

1. 培养学生运用逻辑思维的能力

通过对参观企业经营状况的分析，引导学生对企业经营由感性认识上升到理性认识，培养学生运用逻辑思维对公司经营成功的主要因素进行分析、概括和综合。

2. 培养学生分析问题、解决问题的能力

通过组织课堂实践活动，分析自办企业经营策略和实战结果，培养学生运用经济学理论分析和解决实际问题的能力。

3. 培养学生辩证思维的能力

通过对企业经营钻石模型和企业发展生命周期曲线的分析，培养学生辩证的思维能力，使学生掌握全面、发展地看问题的方法。

(三) 情感态度价值观目标

通过本课教学，让学生感受市场竞争的激烈，引导学生认识到锐意进取、诚实守信在现代经济生活中的价值。初步培养学生树立竞争意识，明确诚信经营在公司经营成功中的重要性，增强学生诚实守信的观念。

五、教学重点、难点

公司经营成功的主要因素。

六、教学过程

(一) 课堂导入

人们日常生活的消费品和国家的物质财富，都是由企业生产出来的，所以企业的生产和经营状况直接关系到人民的生活和国民经济的发展，企业在社会经济生活中发挥着巨大作用。好，今天我们就一起来探讨企业知识中"公司的经营与发展"问题。

（二）讲授新课

公司的经营与发展

教学环节一：事例分析

前不久，我们利用社会实践活动的机会，参观了梦狐科技有限公司。这是一家由个人投资的私营企业。在我们眼前，没有高大的厂房，没有时尚的装饰，这么一家不起眼的企业，在当今激烈的市场竞争中，能生存下去吗？带着这样的疑问，我们对这家企业进行深入调查和了解。

学生：观看视频，思考问题。

问题：你认为梦狐企业是否会有广阔的发展前景？为什么？

学生：发表看法（附板书）

教师：梦狐企业属于国家倡导和扶持的高新技术产业，企业研发的技术有利于节能减排、绿色环保，有利于促进经济的可持续发展，所以梦狐企业的发展具有良好的产业环境；企业自主研发的生物分离技术应用领域广、市场广阔，巨大的市场需求为企业的生产带来动力；企业重视自主研发、技术创新、科学管理；企业具有的人才、技术、管理等因素是企业发展必不可少的生产要素。

从经济学的角度来看，良好的产业环境和市场需求形成了促进企业发展的外部条件，生产要素和管理机制是促进企业发展的内部条件，这些因素对企业的发展缺一不可，用图形表示如同钻石的顶面，因此被形象地称为"钻石模型"（展示企业经营钻石模型）。任何事物的发展都是内因、外因共同作用的结果。梦狐企业正是抓住了促进企业发展的外部条件，同时不断提高自身的素质，在内因、外因的共同作用下，使企业不断向前发展。

展示材料：目前，梦狐自主研发的光绿能生物质有机组分分离提取技术，被国家批准为国家专利产品，并列入国家火炬计划项目，企业被列为国家高新技术产业重点企业。在此基础上，梦狐企业提出了下一阶段的发展战略：将成为新兴战略性产业——中国植物化工产业。

教学环节二：提炼要点

公司经营成功的主要因素（板书）

问题：通过对梦狐企业的分析，你认为在激烈的市场竞争中，企业应该怎么做？

学生：阅读教材 P40，概括要点。

制定正确的经营战略（板书）

问题：怎样才能制定出正确的战略？

教师：（归纳）企业的经济行为不能是盲目的，要全面客观地分析企业发展的外部和内部各方面条件，才能做到准确定位。

形成自己的竞争优势（板书）

问题：一个发展前景好的行业，可能会涌入许多企业，企业怎样在激烈的市场竞争中处于优势地位？

教师：（归纳）企业只有在技术、管理、质量等方面形成自己的竞争优势（板书），才能在市场中处于优势地位，在竞争中获胜。

教师：将来我们可能成为一家公司的投资者或创办公司的经营者，我们不能纸上谈兵，这些因素在公司的实际经营中是不是发挥了重要作用？还有哪些因素是我们没有想到的？我们来共同探讨公司的经营之道。

教学环节三：实战模拟

材料一：基本情况介绍

你和你的朋友准备用你们的全部积蓄收购一家公司，这家公司制造记忆笔。

记忆笔是一种将最新计算机技术与普通的钢笔结合在一起的创新产品。一支记忆笔能够复写出它写过的任何东西，如图形、单词和语句。使用记忆笔就像使用普通的钢笔一样简单，当其转换为复写模式时，记忆笔就会把存储的内容原封不动地写或画出来。

国家积极倡导和大力扶持高新技术产业，对生产高新技术产品的小微企业给予减免税收和降低银行贷款利率等优惠政策。创业者纷纷投身其中进行竞争，这些企业处于同一水平，你们的公司就是这众多企业中的一家。

材料二：记忆笔产品的企业报表和行业报表（具体内容略）

教师：企业的经营活动不能是盲目的，要对自身的实际情况进行全面、客观的分析，才能制定出正确的经营策略。下面请同学们阅读有关记忆笔生产的相关信息，找出企业经营的外部和内部条件，根据企业发展的"钻石模型"，对记忆笔的生产做一下市场评估。

学生：阅读并讨论

	现状分析		
产业环境	扶持产业	传统产业	"三高"产业
市场需求	需求旺盛	供求平衡	需求不足
生产要素	缺乏或不足	资源丰富	具备生产能力
管理机制	管理有序	杂乱无章	创新管理

教师：（归纳）记忆笔是科技创新产品，市场需求旺盛，各个企业已经具备基本的生产能力，从目前来看，记忆笔生产有着较好的市场前景。所以，大家的决策是可以投资进行生产。

问题：现在这个新产品市场涌入了许多企业，我们现在教室里就有 A、B、C、D、E 5 家公司，同时准备投入生产。在激烈的市场竞争中，你所在公司将采用怎样独特的经营策略扩大市场的占有率？

学生：分成 5 家公司，分别根据企业和行业报表中反映的市场信息，做出第一期市场决策（限时 5 分钟）。

企业经营决策表

	价格	产量	市场营销	设备投资	研发
第一期					

教师：5 分钟结束后，将公司第一期决策报表数据输入 MS 软件，等待

竞争结果。

教学环节四：分享心得

教师：在刚才的这一期决策中，你采用了怎样的经营策略？（附板书）

A公司：加大技术投入，提高生产效率，研发出新产品，扩大市场需求。

B公司：采用中等价格策略，价格影响需求，适度降低价格，增加市场占有率。

C公司：采用广告营销策略，加大广告投入，扩大知名度。

D公司：创立品牌，采用"饥饿"营销策略，制造市场供不应求的现象。

E公司：加大设备投入，扩大生产规模，增加市场供应量。

教师：引导学生对以上经营策略进一步分析思考，共同分析怎样的营销策略更适合当前的市场形势，有利于企业的长足发展。

展示资料：山东某技校每年用于广告费用达2000万～3000万，依靠洗脑式的广告营销，使其家喻户晓。但有媒体爆料"此技校并不强"！一个半月的培训，交5680元学费。所谓上机一天，其实只是上25分钟。37天上机操作，只会开挖掘机在路上走走，根本不敢用铲斗。由于对教学质量存在质疑和"暴力事件"风波影响，近日，此技校招生率下降90%，由此，该技校，正陷入濒临倒闭的困境。

问题：该事件给我们带来什么启示？

教师：（归纳）广告营销是可以扩大企业的知名度，但在激烈的市场竞争中，企业还要诚信经营，依靠产品和服务的质量，赢得市场。

诚信经营，树立良好信誉和形象（板书）

教师：通过MS软件，计算出5家公司第一期决策结果，并打印出结果。

学生：对利润、市场占有率和绩效指数进行比较，简要分析决策成败原因。

企业的兼并与破产（板书）

教师：优胜劣汰是市场竞争的必然结果，在下一阶段的经营中，你将在经营中哪方面进行调整？

教师：（归纳）价值规律是市场经济中必然发挥作用的客观规律。在激烈的市场竞争中，劣势企业最终将面临破产或被兼并的结局，优势企业可以通过兼并或强强联合的方式扩大规模，扩大市场占有率。

问题：对于优胜者来说，你将如何分配利润这块"蛋糕"？

教师：盈利是企业经营的目的，但不能把盈利作为企业经营的唯一目的，企业在追求经济效益的同时，还在承担社会责任，实现经济效益、环境效益和社会效益的统一。

教学环节五：理论提升

展示：企业成长曲线

结束语：

世界上任何事物的发展都存在着生命周期，企业也不例外，要经历创业、成长、成熟和衰亡 4 个阶段。为了避免破产或被兼并，在企业发展的成熟期就要在战略、技术、管理等方面不断创新，形成促进企业长足发展的第二条生命线。也希望同学们，将来无论是企业的员工还是经营者，都要勇于创新、不断进取、诚实守信，推动企业不断向前发展。

七、教学反思

从思想政治课新课程要求来看，新课程立足于学生现实的生活经验，着眼于学生发展需求，寓理论观点于生活主题之中，构建学科知识与生活现象、理论逻辑与生活逻辑的有机结合。因此，本节课的教学中通过创设教学情境，利用课上和课下分别组织的两种不同形式的实践活动，为学生搭建情境体验的平台，创设讨论交流的空间，提供探究活动的机会，从而使学生在情境中感受，在交流中提升，在活动中践行。

从教学设计的逻辑顺序来看，本节课遵循了"由特殊到普遍，再由普遍到特殊"的认识秩序。教学中从同学们参观的梦狐企业入手，通过讨论探究，概括归纳出企业经营成功的因素，然后在企业经营成功因素的共性认识指导下，组织学生动手实践自主创办企业，制定经营策略体验经营。使理论知识从生活中来，到生活中去，鼓励学生关注生活，思考生活，理解生活，并更好地运用所学、所思指导生活。

从三维目标的落实来看，本节课较好地达到了预设的教学目标。教师在指导学生理解和掌握公司经营理论知识的同时，突出了学生学习能力的培养，引导学生树立正确的价值观。教师在教学中通过引导学生对参观企业的分析，培养了学生分析、概括和综合等逻辑思维能力；通过组织实践活动体验企业经营，培养了学生运用所学经济学理论分析和解决实际问题的能力。教师在教学中引导学生在事例分析中展示观点，在价值冲突中识别观点，在比较鉴别中确认观点，在探究活动中提炼观点，进而有效地提高学生理解、认同正确价值标准的能力。

【专家点评】

评价一节课是否能够是"有效课堂"，主要应该从以下几点分析。

第一，课堂教学行为是否有意义。教学行为是否有意义，关键看教师是否通过组织教学让学生学到了有意义的东西。何谓"有意义的东西"呢？从教师层面看，就是从学科角度帮助学生学习生活的知识、生存的技能，理解生命的意义。

庄老师通过企业事例，与学生共同分析了企业成功的因素，潜移默化地引导学生作为企业的经营者和员工应该如何作为，并将理论认识提升到企业的生命更长久的层面。教师利用课堂有限的时间为学生搭建平台，让学生尝试用所学习的理论去解决现实问题。本节课教师让学生在课上进行"企业经营实战模拟"，从政治学科角度对学生成长需求做了有意义的尝试。

第二，是否最大限度地使学生投入到学习过程中去。庄老师选择的事例贴近学生的生活经验和社会实际，拉近了学生与教学内容的距离。通过各具特色的教学情景设计、层层递进的问题提出，小组合作，生生、师生互动的方式，引导学生积极参与到学习过程中去，主动去发现问题、探究问题，课堂教学气氛活跃。

第三，所占有的教育资源是否得到了最大程度的利用。政治课的教学资源是丰富多彩的，只有有效地利用资源，让资源最大化地为教学内容服务，才能使学生在最短的时间内掌握尽可能多的知识和提高学习效率。庄老师将陈经纶中学考察参观社会实践活动的校本拓展课"企业经营实战模拟"引入课堂教学中，更具有校本化的特点。课外实践活动与课堂教学结合、必修教学内容与校本课程结合，这种资源的整合更利于学生综合理解学习的内容，提高运用知识的能力。

北京市正高级教师、特级教师

王　苹

第二篇

以生活为源，创设情境教学

生活即教育，生活处处有教育。教育只有通过生活场景才能产生作用，并真正成为教育。在课堂教学中，应充分利用学生已知的生活经验创设情境，从学生身边的生活实际引出问题，让丰富多彩的生活成为课堂教学的知识源泉，激发学生的求知欲，调动学生的学习兴趣。应以生活为源，创设情境教学，把抽象的理论具体化、生动化，促进学生知、情、意、行协调发展，达到学以致用的目的，让政治课堂真正地回归生活，服务于生活。

高中思想政治课教学中的情境创设的
实践研究

一、研究的背景

（一）新时代发展的需要

当今时代，知识经济飞速发展，科技进步日新月异，对人才的要求越来越高。在激烈的国际竞争中，综合国力竞争的关键是人才的竞争，特别是创新型人才的竞争。而高素质的创新型人才的培养需要先进的教育，教育对经济和社会发展具有先导性、全局性的作用。这就要求新时代的教师必须确立新的教学价值观念，即确立以发展学生的个性与主体人格为基本价值取向的现代教学价值观念。这种教学价值观念认为教学交往就是教会学生学会合作和交往。教学交往既是促进学生个性发展和生成主体人格的基本途径和有效手段，又是现代教学的基本目标和价值取向。可见，把教学交往中树立促进学生参与的教学情境创设的理念作为教学的基本价值取向，已成为现代社会对教学的基本要求。

（二）新课程改革的需要

多年来，我国教育事业取得了巨大成就，但面对知识经济时代的挑战，我们的教学观念、教学方法相对滞后，影响了学生的发展，不能适应新时代发展的需要。传统教育是以应试教育为主的教育，过分强调知识传授的结果，而不注重过程，以提高分数和升学率为目标。在教学方法和教学组织形式上，忽视学生的主体作用和主观能动性的发挥，忽视教学民主，习惯于生硬灌输，采用强迫压制学生的方式、方法，学生学得太苦太累，学习过于被动，自主性、创造性受到压制。书本知识与实际动手能力脱节，学生的实际生活能力较弱。这样既不利于学生学习能力、创新能力的培养和发展，也与当今社会科学技术的发展对人才培养的要求甚远。因此《基础教育课程改革纲要（试行）》在课程改革目标中提出"要改变课程实施过于强调接受学习、死记硬背、机械训练的现状，倡导学生主动参与、乐于探究、勤于动手，培养学生搜集和处理信息的能力、获取新知识的能力、分析和解决问题的能力以及交流与合作的能力"，对学生主动参与教学，有效地实现师生互动交往，有效地提高课堂实效给予了高度重视。

（三）政治课教学改革的需要

托尔斯泰说："成功的教学需要的不是强制，而是激发学生的兴趣。"学生的学习兴趣是学习动机的核心内容，是学生主体作用发挥的基本前提。浓厚的兴趣会使学生产生强烈的求知欲和积极的学习态度，有助于培养其创新精神，提高课堂教育教学质量，尤其是提高课堂教学的效率。

近年来，由于对政治学科存在一些偏见，一些学生的学习兴趣不高，学生的主体性和教师的主导性没有得到真正体现，影响了课堂实效。原因之一就是素质教育没有真正得到落实。随着新课程改革的不断深入，教师的教学观念比以前虽有所改变，但仍不是很理想。可见，从课堂教学的实际出发，促进学生主动参与教学情境的创设是当前亟待解决的问题。

二、研究的意义

(一) 通过创设教学情景，有助于唤起学生的学习动机

通过课堂教学情境的创设和运用，在一定程度上使教学活动从学生的学习需要出发，根据教学要求创设教学情境，充分体现了教学过程的认知因素与情感因素，唤醒学生的求知欲，满足学生求知的心理需求，激发学生学习的动机和兴趣，提高学生的学习热情。并使学生在开放、轻松、愉悦的环境中敢于表现自己，增强自信心，强化学习意志，产生进一步提高自身能力的愿望。促进学生参与教学情景创设，改变了平铺直叙的刻板式说教，使教学跌宕起伏，错落有致，在学生的脑海中形成强烈的印象，从而使传递的信息在脑海中不断得到加强。

(二) 通过创设教学情景，有助于促进师生的和谐关系

促进学生参与教学情景创设有助于密切师生关系，使教与学更加和谐、协调发展。学生在这样的课堂教学情境中进行学习是一种充满快乐的情境体验，师生之间的隔阂也能在很大程度上得以消除，从而形成一种愉快、和谐、融洽的师生关系，最终提升教学效果，促进学生发展。要让学生主动参与教学情境的创设，使他们搜集和处理信息的能力、获取新知识的能力、分析和解决问题的能力以及交流与合作的能力、创新能力有进一步的提高。

(三) 通过创设教学情景，有助于提高教师的科研能力

我国基础教育课程改革要求从实践层面提升教师的教学水平。而教师在实际的教学中遇到许多问题，难以有效地落实课程改革的理念和设想。通过对课堂教学情境创设的问题的研究，教师对新课程理念有更深刻的认识，其

专业素养和驾驭课堂的能力提高，学生的学习能力不断增强，综合素质有所提高，可促进基础教育课程改革的顺利开展。

三、教学情境创设的界定

所谓教学情境，是指具有一定情感氛围的教学活动。"境"是教学环境，既指物理环境，也指教学双方的关系。"情"指洋溢在"境"中的教学双方即师生之间的情感交流。情因境生，境为情设，情与境和谐统一方为情境。

对于引入高中政治课堂中的"情境"，指的是与学生的生活环境、知识背景密切相关，并且是学生感兴趣的、有利于学生发现政治知识和通过自主探究活动来学习的"政治情境"。

教学情景创设是指教师根据教学内容和教学目标，创设特定的教学情境，引导学生自主探究或合作探究的教学。它是教师以现行教材为基本内容，借助各种直观手段创设与教学内容相应的有利于丰富学生感知，启迪学生的探究，引导学生联想和想象，激发学生学习兴趣，使学生在学习中获得新知识、新观点，找到解决问题的新方法、新手段的一种教学环境氛围。

四、研究的综述

（一）本课题研究现状

综观近几年新课程实施过程中对情境教学的研究，大多从理论层面切入的为多，而从实践的层面，如何引导一线教师通过实践教学，将情境教学真正落实在课堂中，使之常态化，成为提高课堂教学效率、促进学生情感体验和能力提高的一种常用教学模式，研究得还比较少。

此外，教师在有关情境创设的教学方面也有过零星的、点滴的教学实践和经验总结，但没有从理论高度系统地进行研究和分析。为此，力求通过本课题的研究，把课堂教学情境创设中分散的、零星的经验加以提炼，总结并上升到理论高度，形成系统化、理论化的情境创设教育理论体系。

（二）本课题预计突破

通过反思新教材实践效果，找出情境教学设计的不足与不成功的地方，并提出优化方案；贴近课堂教学实际，提高教师驾驭课堂教学情境创设的能力；促进学生主动参与，积极学习，全面提高教学质量；培养学生的综合实践能力和创新能力，实现人的全面发展。

五、理论依据

（一）建构主义理论

其最早提出者可追溯至瑞士的皮亚杰，建构主义学习理论提倡在教师指导下，以学习者为中心的学习，也就是说既强调学习者的认知主体作用，又不忽视教师的指导作用，教师是意义建构的帮助者、促进者，而不是知识传授者与灌输者。学生是信息加工的主体，是意义的主动建构者，而不是外部刺激的被动接受者和被灌输的对象，建构主义学习环境包含情境、协作、会话和意义建构 4 大要素。这一阐述为本课题的研究提供了实质性理论支撑。

（二）人本主义理论

人本主义理论十分注意人的个性，重视理性和感性的统一，注重人的个性发展，它与新课改"以人为本，以学生的发展为本"的思想相统一。情境教学需要坚持人本主义理论，关注人，关注人的思维，关注人的发展。

（三）全面发展理论

马克思主义关于人的全面发展理论认为，人在各个方面都具有一定的潜力，只要给以适当的外部条件，就能调动其主观能动性，使潜能和个性得到最大限度的发挥，这一理论认为人在各个方面只有得到充分而自由的发展，才能适应社会发展的需要。这一理论揭示了学生在探索性、自主性、研究性学习中具有一定的潜力。这为本课题的研究提供了现实可能性的理论支撑。

六、研究的目标

本课题主要围绕高中思想政治课如何促进学生参与教学情境创设的途径、方法和策略。课题将通过调查研究、理论探讨和实验研究，达到以下目标：

（一）学生方面

通过课堂教学情境的创设和运用，唤醒学生的求知欲，满足学生求知的心理需求，激发学生学习的动机和兴趣，提高学生的学习热情。

通过课堂教学情境的创设和运用，使学生在开放、轻松、愉悦的环境中敢于表现自己，增强自信心，强化学习意志，产生进一步提高自己的愿望。使不同层次的学生在原有的基础上都有所发展。

改进学生的政治学习方式。通过研究创设有效的学习情境，转变学生在思想政治课堂上的学习方式，使政治情境能有效地提高学生学习政治的能力并提高思想品德素质，使学生搜集和处理信息的能力、获取新知识的能力、分析和解决问题的能力以及交流与合作的能力、创新能力有进一步的提高。在情境参与中，学生自主合作、探索意识进一步增强，能够树立正确的世界观、价值观和人生观，形成良好的思想品质。

（二）教师方面

转变教师的政治教学观念。通过本课题的研究，促使教师课堂观念的转变，参加研究的教师对新课程理念有了更深的认识。由认识到深化、运用，把新课程理念进行吸收、内化，转变教学观念。

提高教师的政治教学水平。通过研究，提高教师创设情境的能力，教师能正确地、有针对性地创设有效的课堂教学情境；争取使参加研究的教师能够熟练而有效地在课堂上运用比较高质量的情境教学模式；使其专业素养和驾驭课堂的能力得到提高。

通过本课题的研究，使教师能充分地利用课程资源，灵活地创设出合理的教学情境。使课题组成员对影响课堂的诸情境因素有了较为深刻的研究，形成了一系列的课题成果。

七、研究的策略

研究策略	具体内容	教师目标要求	学生目标要求
借助实物创设情境	教师根据教学目标和教学内容，在课堂上利用实物和有关背景，创设的特定情境	调查学生，了解学生对教材所涉及的实物是否陌生；认真选取实物，展示的实物要有典型性、代表性；考虑所要展示的实物背景，从整体上给学生以直观的真实感；教师要正确引导，使学生有重点地观察	丰富学生的感性知识，帮助学生理解和验证间接知识，形成明确概念，培养学生的观察能力

研究策略	具体内容	教师目标要求	学生目标要求
借助图像创设情境	板书、图画、挂图、幻灯、录像、电脑等电教手段	钻研教材，把握教材的内涵；谨慎选取图像，不要由于过分刺激而影响教学效果；根据教材内容、目标合理配置图像；注意用语言进行引导	增强学生的学习兴趣和加深对知识的理解；增大课堂容量，激发学生的求知欲，活跃课堂气氛
借助动作创设情境	让学生参与表演，创设教学情境；让学生动手操作，创设教学情境；让学生参加社会实践活动，创设教学情境	引导学生体会表演角色蕴含的情感；课前预设要充分，精心准备教学素材；教师要对课堂教学空间和教材加以拓展，引导学生开展丰富多样的实践性学习活动，改变学生在教育中的学习方式和生活方式，帮助学生学会发现，学会探究，学会实践，形成综合学习的能力；通过反馈，及时调整	学生参与表演能够有效地调动并发挥他们的积极性和创造性。教学中通过让学生操作学具可以使许多抽象知识变得形象直观，提高学生探究的欲望以及动手的实践能力；学生参加社会实践活动，有助于学生发现和解决问题，体验和感受生活，提高实践能力和创新能力
借助问题创设情境	创设问题情境，就是在教学内容和学生求知心理之间设障立疑，让学生处于"愤""悱"的状态，将其引入一种与问题有关的情境 用"激疑"的方式创设问题情景；用质疑的方式创设问题情景	"激疑"：教师预先设计或在课堂中因势利导地提出富有启发性的问题 质疑：鼓励和启发学生自己提出质量较高的问题 分析教材，确定目标；分析学生，准确把握学生的认知规律和现有水平；分解问题，使各个问题联系紧密；课堂中及时调节、及时总结	问题意识可以激发学生强烈的学习愿望，从而使其注意力高度集中，积极主动地投入学习；还可以激发学生勇于探索、创造和追求真理的科学精神与创新精神

研究策略	具体内容	教师目标要求	学生目标要求
借助语言创设情境	用语言描述某一情境，通过语言意义、声调、形象、感情色彩激起学生的情绪、情感及想象活动，从而达到教学目的	深入研究教材，把握教学内容与教学形式之间的关系；能够帮助教师更好地发挥示范作用；用心灵体会教材情感，配合使用动作语言和多种教学情境	引领学生在情境中"静心思考"、合理想象，促进学生语言的发展；创设生动的语言情境能够激发学生的积极性和想象力
借助生活创设情境	生活化教学情境，主要是指运用贴近学生生活实际的事例来说明理论，让学生觉得熟悉，可以参与探讨，愿意发表意见	根据教学目标，谨慎选取生活事件，选取的事件要能够引起学生的兴趣；对所选事件进行精加工，使其为实现教学目标更好地服务	有利于引起学生的兴趣，活跃课堂气氛，同时使课堂生活化；使抽象的理论具体化，有利于学生掌握所学知识

上述类型并没有穷尽教学情境的外延。总之，教学情境是多种多样、丰富多彩的，因而对其也就有多种的解读和定义，重要的是抓住教学情境的实质和功能，才能真正做到有利于学生的学习。最佳的课堂教学情境单靠一种情境的创设难以实现其应有的教学目标，一堂优秀的课往往需要创设上述多种教学情境，交叉使用或相并使用，才能够达到教学情境最优化。

八、研究的思路

（一）教学情境创设原则

1. 启发性原则

有效的教学的情境应能有效地启发学生的思维，能发展学生的认知和水平，从而促进学习目标的完成，所以在课堂上创设的情境都应考虑到对学生是否具有启发性，是否能激活学生的思维。

2. 一致性原则

有效教学情境的创设应与教学目标保持高度的一致，要始终围绕教学目标，为其服务，教学情境必须从学生出发，从课本内容出发，恰当地组织素材，切不可脱离学生的实际情况。

3. 灵活性原则

课堂是一个动态的知识生成的过程，也应是一个动态生成的过程，学生提出的问题往往是教师在备课时所不能预料的，因此可能在教师预设的情境之外还有无法预料的动态生成的情境，教师要有足够的教学智慧能够把握动态生成的教学情境，使之成为课堂教学的亮点。

4. 科学性原则

在情境的创设中，所创设的情境要规范，不能发生与科学知识相悖的情境；教师的语言叙述也应采用规范的语言，这样有助于学生正确理解政治知识和运用知识解决问题。

（二）研究步骤

第一步：理论研究

搜集、整理、分析有关情境教学的文献资料，了解国内外关于此项研究的进展与实践情况，总结经验。

第二步：个案实施

确定实验班级，通过多种模式和方法逐步开展情境教学活动，观察此教学模式对教师的"教"与学生的"学"的改变。

第三步：对比分析

对情境教学实施前后的效果进行对比分析。

第四步：总结提升

总结提炼情境教学的具体实施策略、对学生核心素养的培养实效，以及对推进课堂教学改革的重要意义。

九、研究的方法

（一）文献资料法

重视理论学习，积极收集相关的教学资料、教学信息，研究中外教育、教学理论专著，使课题的研究建立在扎实的理论基础上。

（二）案例引领法

通过典型课例的公开示范课及对个案的评析与研讨，跟踪认识课题发展变化进程，尝试一些积极的改进措施，为课题的整体推进提供好依据。

（三）调查统计法

通过学生座谈、问卷调查等形式搜集、整理学生对政治课堂教学现状的意见，确定研究的重点和突破口。并通过随堂测试、辩论，办手抄报，撰写小论文等多种方式评价成果。

（四）经验总结法

在课题研究的过程中，认真做好各类资料的搜集、整理和实施情况的记录，及时总结各阶段的成果，以便更好地指导实践。

高中思想政治课创设问题情境的有效途径

德国一位学者做过这样一个比喻：将 15 克盐放在你的面前，无论如何你都难以下咽，但将 15 克盐放入一碗美味可口的汤中，你就会在享用佳肴时，不知不觉地将这 15 克盐全部吸收了。情境之于知识，犹如汤之于盐，盐需要溶入汤中才能被吸收，知识也需要融入情境之中，才能显示出活力和美感，才能容易被学生理解、消化、吸收。这就是情境的价值。

新课程特别强调教学的情境性。在国家新一轮课程改革所实施的新课标中，问题情境设置教学的实施得到了普遍的重视。问题情境设置教学不仅被作为重要的探究理念加以强调，而且被列入了课程目标和内容标准中，充分体现了政治新课程改革必须实施的内容要求，有利于推进素质教育和教育模式改革。问题是学习的起点、思考的动力，问题情境设置教学对于唤起学生探求新知识的冲动，培养学生的创新能力，有着不可替代的价值。在思想政治课教学中，创设问题情境可以采用以下几种途径。

一、根据教材内容和学生的认知状态创设问题情境

美国教育家彼得·克莱恩说："学习的三大要素是接触、综合分析、实际参与。"学生要实现主动发展，参与是基本的保证条件。学生参与教学的积极性、参与的广度和深度直接影响着教学的效果。主动参与应该贯穿于教

学的全过程，即课前、课中、课后都有学生的参与活动。

（一）课前预设现实的问题情境，引发学生有话想说

预习是求知过程的一个良好开端，学生应自觉运用所学的知识，对一个新的知识对象预先进行了解、求疑和思考，主动地去获取知识。为此，在一些重点章节讲授前，我们设置了"我想知道的问题"预习栏目，目的在于督促学生课前预习，并提出自己不清楚或感兴趣的问题。如在进行《企业的经营与发展》一课教学前，学生提出"价格战是企业成功的有效策略吗""你认为影响公司经营成功的因素有哪些"等问题。

教师在了解学生对这部分知识的疑点后，请学生填写了一份日用商品调查表。

产品	品牌	是否经常选用	选择此品牌商品原因
电脑			
手机			
服装			
奶制品			
文具			

这个活动学生们的参与度很高。学生填写完调查表后，教师进行统计。结合调查结果，在课堂上组织学生讨论，分析这个结果说明了什么问题，这些企业入选的原因是什么。通过这样的调查分析过程，学生能够认识到企业的产品质量直接关系到企业的信誉和形象，企业经营者素质的高低、企业经营策略的制定也是关系到企业成败的重要因素。

（二）课上创设有价值的问题情境，引导学生主动来说

创造性地提出问题比解决问题更重要。在新课程实施过程中，很多教师都注重通过"情境"吸引学生，激发学生的求知欲，提高课堂活力和效率。

但是，在设置问题情境时，要精心创设有价值的问题情境，避免假问题情境。所谓假问题是指没有思考价值的问题或不能引发学生思考的问题。

思想政治课的特质是时代性，每一节课的教学内容和教学设计都必须符合社会政治经济发展的大背景。这就要求政治教师关注、思考两个问题：一个是关于教学理念的问题，是"用教材教"，还是"教教材"；一个是我们应该在什么样的宏观背景下讲好政治课。因而，教师在教学情境设计时，必须要抓住社会实际和学生实际这两条主线，把教材放到宏观大背景下去思考、组织和处理。也就是说，课堂上问题情境的创设要有时代价值和现实价值。注意联系学生的现实生活，在大的时代背景下和学生鲜活的日常生活中发现、挖掘问题情境的资源，以激发学生的兴趣和问题意识。

例如在讲授《企业的经营与发展》一课时，教师提出这样一些问题。

问题1：如果我们每个同学都具备了成立公司的条件，你会成立一个什么类型的公司？

问题2：你成立公司的目的是什么？

问题3：利润是公司经营的唯一目的吗？

这些创造性问题的提出，并没有完全局限于教材，局限于经济层面。经营者要有道德素质，企业要承担社会责任，所以不能利润至上，不能只讲利润是公司经营的直接目的。国有企业为国家积累财富，私营企业也要纳税，吸纳就业，也得致富于民，也都承担着社会责任。因此，如果没有这种对宏观大背景的认识，教学情境的设计就没有了生命力，失去了教学的灵魂。教师通过提出这些创造性问题，让学生认识到公司经营者的道德修养非常关键，也是公司经营成功一个重要的因素，以此激发学生更加努力地学习和提高能力，这是情感态度价值观培养的一个重要点位。

（三）课后设置延伸的问题情境，引领学生思考后说

以《企业的经营与发展》一课为例，在课后，教师继续布置了一些学生感兴趣的问题。如：假如你是公司的董事长，现在公司要招聘高层管理人员，根据以上提供的资料，你会给应聘者设计哪些题目。教师布置完任务，可以对学生的测试题在全班范围内进行评选，看看谁的测试题目出得最好，用这种评比活动调动学生的参与热情。

学生出的测试题角度新颖，非常有意思。有的是在招聘办公室一进门处放一张废纸，看应聘者的表现，以此考验他们的素质；有的是请应聘者说出自己母亲的生日，目的在于考查这个人的人性和细心程度；有的是在应聘当天故意在公司的电梯那儿放一个维修牌子，让所有的应聘者都爬上 15 层，目的在于看看这些人的身体素质等。

二、根据背景材料获取和演绎问题情境

在教学中，问题情境一般有两种：一种是呈现问题的情境，即教师通过语言、教材或其他教学方式向学生提出有关问题，这些问题一般有已知的解决方案和方法；另一种是发现问题的情境，即教师并不向学生呈现明确的问题，而是通过多种教学手段在教学中设置具有一定难度的、需要学生努力而又是力所能及的情境，让学生通过有关的现象、事例或其他学习材料的感知，独立自主地发现问题或提出问题。

引导学生带着问题查阅、调查、咨询、整理背景材料，为挖掘、发现和提出问题提供相关材料。如在进行"一个国家、两种制度"的教学时，教师让学生这样去获取相关的背景材料：了解香港、澳门问题的历史成因（网上查阅或书籍查阅）；分析或设想解决港、澳问题的战争与和平方式的不同结果（注重后果分析）；以问题进行互动式交流，话题为"我所知道的香港或澳门"。在此基础上，引导学生挖掘关于"一国两制"的政治、经济因素，然后提出问题。这就给抽象枯燥的政治课堂带来生动、活泼的气息，学生的思维也豁然开朗。

三、充分合理地利用教材创设问题情境

（一）利用教材的事例，设计有针对性的问题

在《文化生活》第三课《世界文化的多样性》教学中，教材通过 3 组镜头，呈现了 3 类不同的文化表现形式，但是没有设置问题。教师可以通过挖掘其中所蕴含的内容，设置如下问题。

问题 1：你能说说这些体育项目（或是你喜欢的项目）的起源地和它的特点吗？

问题 2：北京的故宫（或是你喜欢的中外建筑）展现了哪些中国（外国）的传统文化？

（二）挖掘教材中的问题，设计有层次的问题

在《文化生活》第七课《永恒的中华民族精神》的教学中，教材引用这样的事例：

鲁迅说过："我们自古以来，就有埋头苦干的人，有拼命硬干的人，有为民请命的人，有舍身求法的人……这就是中国的脊梁。"对这一段中的"中国的脊梁"，应该怎样理解呢？

教师可以对教材中设计的问题进行挖掘，调整为如下问题情境，让问题设计得更有层次性。

问题 1：你认为还有哪些人也是"中国脊梁"？

问题 2：他们为什么被称为"中国脊梁"？

问题 3：你认为"中国脊梁"体现了什么精神？

（三）整合教材中的问题，让问题设计得更紧凑

在《文化生活》第八课《在文化生活中选择》的教学中，教材引用两段材料。

材料一：

热衷于拉关系、走后门，人情比法大；讲哥们义气、江湖义气，拉帮结派。

墨守成规、抱残守缺，甚至对改革开放持怀疑态度、否定态度。

材料二：

有人重修庙宇、祠堂，不是出于文物保护的目的，而是为了搞迷信活动、光宗耀祖。

有人为了推销商品，采用带有殖民色彩的"洋店名""洋牌匾""洋商标"。

教师可以对教材中的问题进行整合、整理，设置为如下问题情境。

问题1：这些现象为什么是"阳光下的阴影"？

问题2：你认为生活中还有哪些与材料一和材料二类似的现象？

问题3：两个材料中的现象在表现形式上有何不同？

问题4：对材料一和材料二中的现象我们应该采取怎样的态度？

问题情境是创新能力培养的前提条件，直接关系到学生设置问题的能力和学生参与意识，同时也是完成问题探究式教学的先决条件。好的问题情境的设置是发现问题、解决问题的催化剂，能有效地激发学生的思维，维持学生的学习兴趣。

高中思想政治课采用问题情境设置教学，能够使学生在提出问题和探究问题的过程中接受并掌握知识，培养学生的研究、创新能力，从而有效地推进新课程的实施，以适应知识经济和社会经济发展的需要。

中学思想政治课教学情境创设的实践策略

在新的时代背景下，知识经济飞速发展，对教育和人才的要求越来越高，教师必须转变观念，树立新的教学价值观。以发展学生的个性与主体人格为基本价值取向的现代教学价值观，认为教学交往是促进学生学会学习、个性发展和健全人格的基本途径，是实现课堂教学基本目标的有效手段。《基础教育课程改革纲要（试行）》在课程改革目标中提出："要改变课程实施过于强调接受学习、死记硬背、机械训练的现状，倡导学生主动参与、乐于探究、勤于动手，培养学生搜集和处理信息的能力、获取新知识的能力、分析和解决问题的能力以及交流与合作的能力。"因此，通过创设有效的教学情境，提高学生主动参与教学活动的概率，实现师生之间、生生之间的互动交往，促进学生个性发展和生成主体人格的教学价值取向，已成为现代社会对教学的基本要求，对提高课堂教学实效具有重要意义。

一、借助问题创设情境，培养学生开放思维

课堂提问并不单独体现在教师问学生答这一单向活动形式上，更多的是体现在教师激疑、学生质疑、师生共同释疑这种互动活动中，即课堂教学信息传递的形式由直线单向的平面式，转为互相交叉的多向立体式。在教师与学生、学生与教师、学生与学生之间的互动过程中，教与学的信息传递畅通

无阻，反馈及时，以良好的课堂互动把控增强课堂教学的有效性。

例如《道德与法治》七年级下册《敬畏生命》一课教学片段：

教学过程			
教学阶段	教师活动	学生活动	设计意图
导入	出示两张图片 提出问题：图片中的人们昼夜不停地忙着做什么？	学生观察、感受、思考	激发学生兴趣，引出本课话题"敬畏生命"，引发学生对生命以及生命价值的认识和思考
教学环节：思	这是发生在山东平邑的一起矿难的救援现场，由于地势复杂，风险大，所以救援难度非常大，这次矿难救援长达 36 天之久 提出问题：你认为花费如此巨大的人力、物力、财力进行救援值得吗？为什么？	思考 回答问题	引导学生体会，生命既脆弱又坚强，生命是崇高的、神圣的。我们要尊重每一个生命，对生命有一种敬畏的情怀 引导学生懂得"生命是宝贵的，生命的价值高于一切"的道理，初步树立正确的生命价值观，形成正确的价值取向
	习主席曾指出：要把抢救生命作为首要任务。没有什么比生命更重要。只要生命还在，一切都还有盼头，生活就还有希望 提出问题：习主席的这段话告诉我们什么？	思考 回答问题	
	一名救援专家说：这是从业 30 年来遇到的最复杂救援 提出问题：在救援环境极其恶劣的情况下，在这场救援中为什么能创造 36 天的生命奇迹？	思考 回答问题	设计意图：引发学生对生命意义的进一步思考，奇迹来自被救人员对生命的坚持和救援人员对生命的坚守，使学生进一步认识到生命是宝贵的，要珍爱生命，每个生命都有存在的意义和价值

借助问题创设教学情境，通过逐层探究追问，可以帮助学生深化知识，激活思维，形成良好的思维品质。在学生回答问题不够全面或角度单一时追问，培养学生思维的灵活性；在学生回答问题比较浅显时追问，培养学生思维的深刻性；在学生回答问题错误时追问，培养学生思维的批判性；在学生回答问题有独到见解时追问，培养学生思维的独创性。

可见，借助问题创设教学情境，鼓励学生尝试在探究的过程中，提高学习的积极性、主动性和创造性，在开放性的课堂活动中，帮助学生学会学习，形成良好的学习习惯，同时促进教师关注学生行为表现，利用生成，提高教学活动的实效性。

二、借助角色创设情境，提供体验学习平台

教育要通过生活才能产生力量而成为真正的教育。教学中教师要围绕教学目标，创设贴近学生生活实际的教学情境，并针对学生思维的疑点、难点，发动学生充分挖掘生活中的现象，让学生自己设计生活情境，自己扮演情境中的角色，在教师的引导下，自主探究生活情境中的道理，体验知识的形成过程，并将之转化为实践行动，促进知识内化，做到知行统一。例如《道德与法治》八年级上册《维护秩序》一课，教师从"不文明旅游、公共场所吸烟、破坏共享单车"这些贴近生活、贴近实际的"找茬"活动引入本课，将社会的无序问题即矛盾与困惑呈现给学生，针对无序现象的选择，从"想要改变"与"与我无关"两条路径分别引导学生思考，由此帮助学生体会"社会需要秩序"，进一步认同维护社会秩序，需要制定规则与遵守规则。

新课改理念告诉我们，知识只有在一定的情境下，通过意义建构才能获得。因此，教师需要依据具体的教学内容来创设情境。创设教学情境的方法多种多样，但创设情境目的要明，形式要新，组织要活，时机要巧。教师可以根据学生生活经验，将枯燥的知识通过生动活泼的生活场景来展现，使学习活动在与现实相类似的情境中发生。只有这样，才能真正激发学生学习的兴趣，活跃学生的思维，使学生在知识、技能和情感等方面得到全面和谐的发展。

三、借助时事创设情境，激发学生学习兴趣

教育的逻辑起点是生活，新课程要求把"小课堂"与"大社会"结合起来。思想政治课教学要以贴近学生生活实际的事例，创设教学情境，或以耳

闻目睹的身边发生的事件导入，或以社会热点话题铺垫，或以具有轰动效应的国际新闻烘托，引领学生领悟生活、进入社会、感受现实，从而导入新课，引发思考，让学生身临其境，激发心灵震撼。创设特定的生活情境，有利于调动学生主动参与学习的积极性，提高学生的学习兴趣，因为兴趣才是最好的老师。例如《道德与法治》八年级下册《我国基本的政治制度》一课时，教师介绍"在 2019 年全国'两会'期间，有来自模拟政协提交的 24 项提案被代表委员们带上全国'两会'并被正式立案"等时事新闻，从贴近学生生活实际、令他们感兴趣的时事入手引出课题，激发了学生的求知欲、好奇心，让学生体会到政治生活的知识就在身边。这种生活化的导入模式激发了学生的参与意识，改变了课堂教学枯燥、乏味的状况，鼓励学生去思考，去深化认识，去感悟生活，不仅达成了教学目标，而且唤起了学生学习的欲望。

最佳的课堂教学情境单靠一种情境的创设难以实现其应有的教学目标，一堂优秀的课往往需要创设上述多种教学情境，交叉使用或相并使用，才能够达到教学情境最优化。教学情境是多种多样、丰富多彩的，关键是要抓住教学情境的实质和功能，真正做到有利于学生的学习，促进学生的全面发展。

案例教学法在思想政治课教学中的应用

开发和利用内容丰富、形式多样的思想政治课课程资源是思想政治课课程实施的重要组成部分，也是思想政治课教学活动中学生能自主探究、创造性学习的重要条件，更是改变学生学习方式的有力保证。课堂中采用典型案例作为教学载体，提出相应的问题，通过学生个人自学、小组讨论、班级讨论等形式，使学生在具体问题情境中积极思考，相互协作，是一种提高学生运用理论知识分析问题、解决问题的能力的教学方法。

一、案例教学法的基本概况

案例教学法是在教师的指导下，根据教学目标和内容的需要，采用案例组织学生进行学习、研究和锻炼能力的方法。这种方法在国外非常盛行，且具有不可替代的实效价值。它能创设一个良好且宽松的教学实践情景，把真实的典型问题展现在学生面前，让他们设身处地地去思考、去分析、去讨论，对激发学生的学习兴趣，培养创造能力及分析、解决问题的能力极有益处。

案例教学法也叫实例教学法或个案教学法，从总体上来说是一种归纳教学方法。它是指在教师的精心策划和指导下，根据教学目的和教学内容的需要，运用典型案例，将学生带入特定事件的情境，深入角色，分析案例，从中学习课程基本原理并提高学生分析和解决实际问题能力的一种教学方法。

案例教学中一个最突出的特征是案例的运用，它是案例教学区别于其他方法的关键所在。案例教学不是例子加理论的简单描述和说明，而是启发和引导学生，对案例涉及的问题进行思考、辩论和推理的过程。案例教学法具有一些特殊的质的规定性，主要表现为：

（一）目标明确

在案例教学中，无论案例的选编及其在每一教学环节中的设计，都必须紧紧围绕一定的教育和教学目标，落实在对学生知识、能力与品质的培养上。

（二）富启发性

教学中的案例必须包含一些与教学相关的问题，可以给读者带来某种启示。教师要引导学生分析案例，寻求问题的答案，从而开发学生的智能。

（三）具真实性

教学中的案例读起来生动有趣，像一个故事一样，但这样的故事必须是真实发生的，杜撰出来的故事即使再有趣，也不能称之为案例。

（四）实践性强

由于案例来自社会现实，教师往往要让学生充当案例中的角色进行模拟操演，使学生从理论走向实践，以提高其实践能力和运作技巧。与亲自参加社会调查研究相比，案例教学是最节约时间和费用成本的"社会实践"。

（五）综合性强

案例教学的案例比一般的举例丰富，案例的求解也较为复杂。因此，案例教学法的实施既可以拓宽学生的知识面，又可以提高学生综合运用知识的能力。

二、采用案例教学是改变传统政治课教学方式的必然要求

(一)传统的高中政治课以"教材"为中心

传统政治课课堂教学是一种以知识为本的教学，忽视了直接经验的作用，使直接经验成为可有可无的东西，从而使课堂上教师的教学就等同于教书，学生的学习就等同于读书。由于这种教学与学生的周边现实生活存在较大的差距，很难产生共鸣。在课堂上学生成为盛装知识的容器，而不是具体的有个性的人，这是传统思想政治课堂教学的根本缺陷。

(二)传统的高中政治课以"教师"为中心

在教师与学生即"教"与"学"这一对贯穿于整个教学过程中的最基本的关系上，片面强调教师的主导地位，忽视学生的主动性和积极性，忽略了学生的主体需要，忽略了人与人的心灵交流。同时，传统思想政治课教学方法单一，疏于启发学生的好奇心、求知欲和想象力，忽视对学生政治课兴趣的培养，抑制或排斥了学生个性的发展，导致学生缺乏创新意识和创新能力。

(三)传统的高中政治课以"考试"为中心

传统思想政治课的教学评价偏重于考查学生对知识的记忆，而疏于对学生的学习能力、知识运用能力的考核，缺乏对学生思想、品德、行为表现方面的评定。评价方式为"一元评价""量化评价""终结性评价"，这样的评价方式单一、僵化、消极，导致思想政治课教学与实际缺乏联系，影响了教学目标的达成，阻碍了学生的健康发展。

新课程颁布试行的《普通高中思想政治课程标准》要求转变教育观念，"以培养学生的创新精神和实践能力为重点，改进教学方式和学生的学习方式"。淡化学科体系，强化实践环节。新课程遵循"以生活为基础，以学科

知识为支撑的课程模块"理念，在教材编写上用富有意义的案例来呈现问题，提供发生问题的情境和分析问题的思路，帮助学生在解决问题中活化知识，加强实践环节同时设置探究活动，提供多元评价形式。因此，以新课程的新理念作为支撑的课堂教学，必然要求改变传统的课堂教学方式，其中采用案例教学就是一种全新的课堂教学方式。

三、案例教学法的课堂运用基本方式

案例教学以学生的共同参与和积极思维为前提，以教师的有效组织为保证，以精选出来的能说明一些问题的案例为材料，强调全体学生的主动学习，在一定意义上它是与讲授法相对立的。根据案例在教学中的作用的不同，思想政治课上运用案例教学法可采用以下几种基本方式，教学中可单独运用其中的某种，也可相互配合同时运用多种。

（一）案例讲授式

案例讲授式以教师对案例的讲解为主，由此说明课程内容，使案例与课程的基本理论融为一体，构成一个完整的课程内容体系。它既可以是以讲案例为主来说明课程基本理论，也可以是以讲授基本理论为主而案例起到例证说明的作用。

例如，应用中央财政支农的事例。

年度	中央财政支农（人民币）	增长金额
2005 年	2975 亿元	比上年增长 395 亿元
2006 年	3397 亿元	比上年增长 422 亿元
2007 年	3917 亿元	比上年增长 520 亿元

注：2005 年中央财政用于"三农"的支出达到 2975 亿元，比去年增加 395 亿元（数据来自：中国政府网 2006 年 03 月 07 日）；2006 年中央财政全部支农资金达到了 3397 亿元人民币，比 2005 年增加 422 亿元（数据来自：搜狐新闻 2006 年 08 月 20 日）；2007 年中央财政用于"三农"的资金 3917 亿元，比去年增加 520 亿元（数据来自：《领导决策信息》2007 年第 13 期）。

具体阐述资金流向：

全面取消农业税，与改革前的 1999 年相比，农民减负约 1250 亿元，人均减负约 140 元。

重点支持以"六小工程"为重点的农村基础设施建设。

实施农村义务教育经费保障机制改革。从 2006 年春季，西部地区率先全部免除农村义务教育阶段学生学杂费、教科书费，补助寄宿生生活费政策，受益学生达到 4880 万人，平均每个小学生减负 140 元，初中生减负 180 元。

新型农村合作医疗制度改革。截至 2006 年 9 月底，全国平均 50.07％的县（市、区）进行了改革试点，参合农民 4.06 亿人，参合率达到 80.49％。

教师设问：结合上述材料，分析说明中央财政发挥了怎样的作用？

学生回答及教师归纳：促进经济的发展；促进教科文卫事业的发展；促进人民生活水平的提高。

（二）案例讨论式

案例讨论式是指在教师的指导下，以学生为主体对案例进行讨论分析。它有利于充分调动学生学习的主动性和积极性，增强其参与意识，提高其独立思考问题、分析和解决问题的能力，也有利于训练和提高学生的表达能力，创造生动活泼的教学局面。

例如，在讲《依法保护消费者的合法权益》时，通过列举生活中的事例，引导学生通过讨论来研究问题、解决问题。

案例一：用户如果不使用以上业务，必须在××年×月×日前到通信公司或拨打电话取消相关业务，否则视用户默认同意使用，如果发生欠费，将在预存话费中抵扣。

探究结论：这是一种强制消费行为，侵犯了消费者的知情权和自主选择权。

案例二：物业公司物业管理规定，在停车场停放自行车每月每户××元、摩托车××元、轿车××元；车辆损坏或丢失及车内物品丢失或损坏均由车主自己承担责任。

探究结论：这是一则免责无效条款，侵犯了消费者的安全权和求偿权。

经过认真思索，大家积极讨论、争相发言，课堂学习气氛活跃热烈。同学们在讨论和交流中，不仅了解了生活中的一些现象，还学会了解决问题的方法。

（三）案例练习式

案例练习式在课后和单元练习及考试时，引入典型案例，以培养和检测学生分析和解决实际问题的能力。例如讲授《提高企业经济效益》时，教师通过提供一个亏损企业的案例，提出"假如你是该企业的厂长，你将怎样使该企业走出困境？"再如学完《公司》一课后，以一个赢利公司为例，提出"假如你是总经理，你将如何分配、使用本公司获得的利润？"通过案例练习，锻炼学生学以致用的能力。

（四）案例模拟式

案例模拟式即事先编好案例的"脚本"，由学生扮演案例中的角色，再现案例情境，给学生以真实、具体的情境感受，然后引导学生对模拟的案例进行评析。在目前思想政治课的教学中，不少教师曾经组织学生开展"模拟法庭""模拟市场"或者表演小品、短剧等活动，使学生身临其境，再让学生对此展开评析，就属于这种方式。

需要注意的是：是否采用案例教学、采用案例教学的频率与方式怎样，都要视具体教学内容、教师本身的素质条件、学生实际情况而定，绝不可牵强附会，简单从事，也绝不能用案例教学法来排斥其他教学方法。案例是为教学目标服务的，应与所对应的理论知识有直接联系，即案例教学一定要在理论基础上进行。只有将基本概念、基本原理理解透彻，才能充分开展案例讨论，取得实效。而在理论知识普及和更新方面，传统讲授法能全面系统地向学生传授基本概念和基本知识，如果能将它的这种独特优势与案例教学法结合运用，注意调动学生学习的主动性，则可使学生在掌握知识和提高能力上达到更好的效果。

四、采用案例教学是推进思想政治课素质教育的必然要求

(一) 案例教学有利于培养学生的创新意识和实践能力

案例教学通过呈现社会生活中的真实情境，告诉学生"答案不止一个"，答案是开放的、发展的，启发学生大胆想象，勇于思考；在案例教学过程中，促使学生从特定的情境出发，在掌握充分信息的条件下，对各种案例独立做出判断和决策，锻炼综合运用各种知识、经验分析问题和解决问题的能力，培养创新意识和实践能力。

(二) 案例教学有利于促使学生学会沟通和合作

案例教学注重教师与学生之间、学生与学生之间的互助合作，它通常要经过班级小组、大组的合作和交流，相互取长补短。学生们为了达到共同解决问题的目的，就要相互尊重，平等相处，善待同伴，增强说服别人以及聆听他人的能力，在合作中互相沟通，在沟通中增进合作。从而培养学生的协作精神和团队意识。

(三) 案例教学有利于学生树立科学的世界观、人生观和价值观

高中政治课既要对学生进行系统的马克思主义经济、政治、文化和哲学常识的教育，也要引导学生树立科学的世界观、人生观和价值观。也就是使

学生实现知识、技能、情感、态度和价值观方面的和谐发展。以"教材"为中心、"考试"为中心、以"教师"为中心的传统的政治课教学方式，使传授知识、提高应试成为唯一的教学目标，对学生进行世界观、人生观和价值观的教育被放到了可有可无的境地。实践证明，靠"灌输""传授"及抽象的理论分析是不可能形成科学的世界观、人生观和价值观的。只有通过创造一定的情境的案例教学，让学生亲自参与实践，亲自体验，产生思想、情感上的共鸣，才有助于其形成正确的世界观、人生观和价值观。

《公民权利的保障书》教学设计及专家点评

一、教学目标

（一）知识目标

让学生了解"一切权力属于人民"的宪法原则，懂得这一原则归根结底是要保证人民当家做主；知道人权的实质内容和目标，认识到我国人权的主体和内容都十分广泛，懂得将"国家尊重和保障人权"写入宪法的意义。

（二）能力目标

结合社会现象观察、思考我国宪法是如何保障公民权利的；在日常生活中，能够以实际行动尊重和维护自己和他人的人权。

（三）情感态度与价值观

帮助学生树立国家一切权力属于人民的宪法理念，认同我国宪法的核心价值追求，领会宪法的原则和精神，增强宪法意识、国家意识和公民意识，热爱祖国，增强主人翁责任感。

二、教学重点、难点

（一）重点

我国宪法的基本原则，对宪法基本内容的认识，国家尊重和保障人权。

（二）难点

对宪法基本原则与国家性质的理解和认识，对人权内涵的认识和理解。

三、教学过程

导入：出示图片"宪"的繁体字"憲"。

教师提问：这是个会意字，你能从这个字的结构中，看出它是由哪几部分组成的吗？表示什么意思？

学生回答：（略）

教师："从心从目，害省声。"害字警醒世人，对于伤害、祸害、妨害、不利等现象，目能明见，心能明知，因此人人都要心存对法的敬畏，以法为尺，约束自身。

教学环节一：初识宪法，走近宪法

教师：党的十八届四中全会指出："坚持依法治国首先要坚持依宪治国，坚持依法执政首先要坚持依宪执政。"可见，宪法的重要地位。大家平时通过收听收看新闻，对我国的宪法有哪些了解？

学生回答：（略）

教师：宪法是国家的根本法，国家宪法日的设立，表明国家对宪法的高度重视，没有宪法的权威性，就不可能实行真正意义上的依法治国。从这节课开始，就让我们一起走近宪法，学习宪法，感悟宪法。

教学环节二：学习宪法，感受权威

教师：当拿到这本《中华人民共和国宪法》（以下简称《宪法》）时，我们会发现它的封面设计与其他图书有什么不同？

学生：《宪法》的封面印着一枚大大的国徽。

教师提问：你了解我国的国徽吗？

学生：中华人民共和国国徽的内容为国旗、天安门、齿轮和谷穗，象征中国人民自"五四"运动以来的新民主主义革命斗争和工人阶级领导的以工农联盟为基础的人民民主专政的新中国的诞生。

教师概括：《宪法》封面上印着的这枚国徽，象征着我国是人民民主专政的社会主义国家，在我国宪法中明确规定了我国的国家性质，确定了人民当家做主的地位。这些内容在《宪法》第一条和第二条就有明确规定，请大家打开《宪法》，一起来看一看。

学生：共同朗读《宪法》第一条和第二条具体内容。第一条："中华人民共和国是工人阶级领导的、以工农联盟为基础的人民民主专政的社会主义国家。"第二条："中华人民共和国的一切权力属于人民。"

教师：同学们，宪法中哪些规定体现了"国家一切权力属于人民"？我国公民享有哪些权利？这些权利又是怎么保障的呢？好，让我们一起通过学习《宪法》，共同找出这些问题的答案。

教师：组织学生以小组为单位学习《宪法》，并思考问题。

活动一：共同学习"你来读，我来听"

以小组为单位，学习宪法。

每组一名同学朗读，其他同学聆听。

思考：近期你身边发生了哪些新鲜事儿？

你认为这些事儿与宪法有关系吗？

学生代表发言。

活动二：共同探讨

学生回答：（略）

教师概括：《宪法》规定，我国实行"公有制为主体、多种所有制经济共同发展的社会主义初级阶段的基本经济制度"，实行"按劳分配为主体、多种分配方式并存的分配制度"。这些制度保证了人民成为生产资料的所有者，保证了公民通过诚实劳动获得合法收入的权利，所以爷爷承包土地，叔叔开小餐厅，从事个体经营，都受到了国家宪法的允许和保护，使生产和生活有了保障，生活水平不断提高。

《宪法》还规定："生产资料公有制是社会主义经济制度的基础。"正是因为《宪法》规定和保障了生产资料归全体劳动者共同占有，支配和使用，国家才能够更好地实行宏观调控，集中人力、物力、财力，修建道路、桥梁、水库等基础设施，帮助群众解决个体力量完成不了的大事，使我们的生活发生巨大变化，使公民的权益得到充分保障。

教师概括：我国宪法规定，"国家的一切权力属于人民"，"人民代表大会制度是我国的根本的政治制度"，"广大人民可以通过各种途径和形式，管理国家事务"。我国的人民代表大会制度，村委会、居委会基层群众自治制度，社会听证制度等，充分体现了我国人民当家做主的地位，表明了国家的一切权力属于人民，我国宪法中不仅明确提出了这一原则，而且还将这一原则贯彻于国家生活的各个领域和方面，并以法律的形式予以保障。

教学环节三：模拟听证会，体会尊重和保障人权是宪法的基本原则

活动三：共同参与

《外地务工人员子女生活补助费用调整问题》模拟听证会

将全班同学分成若干小组，分别扮演教育部门工作人员、人大代表或政协委员、学生家长、校方代表、媒体代表等不同角色。

学生：观看、思考、回答问题（略）

教师概括：模拟听证会上我们看到：政府努力解决外地务工子女就学问

题，使公民的受教育权得到有效实现；当地教育部门为外地务工子女免费提供午餐，尊重和保护了公民的生存权；公民能够参与听证会，与各方代表共同商讨问题的解决方案，以及邀请媒体全程监督，说明国家为公民参与政治生活广开渠道，保障了公民以多种途径行使民主权利。公民的生存权、受教育权、监督权等这些权利都来自我国宪法对人权的规定和保护。我国宪法规定，"国家尊重和保障人权"，"公民享有广泛的基本权利"。人权的广泛性体现在如下两点。一是权利主体的广泛性：既包括我国公民，也包括外国人，不仅保护个人，也保护群体。二是权利范围的广泛性：包括平等权和人身权利、政治权利，也包括财产权、劳动权、受教育等经济、社会、文化方面的权利。

活动四：共同分享

教师提问：结合生活实际，说说在法治社会里，我国公民的一生会得到怎样的保障？

学生回答：（略）

教师总结：尊重和保障人权是宪法的基本原则。全面推进"科学立法、严格执法、公正司法、全民守法"，各级国家机关要树立尊重和保障人权的理念，行政机关要坚持依宪施政、依法行政，司法机关要公正司法，弘扬社会主义法治精神，形成全民守法氛围和习惯，努力将人权理想变成现实，最终保护公民的各项合法权益。

教师：展示图片《国家尊重保护人权白皮书》

视频：《中国人权事业发展成就》

结束语：宣传宪法，捍卫宪法

我们青年一代，生活在一个法治意识不断增强、宪法精神日益彰显的时代。我们投身学习、接受教育，是享受宪法所赋予的权利；我们保护环境，节约资源，是遵守宪法所强调的义务。我们在享受宪法所赋予的权利同时，更应该热爱宪法、遵守宪法，自觉地把宪法内化于心、外化于行，把弘扬宪法精神、树立宪法权威演化成我们的生活方式，让我们在建设法治中国的道路上共同前进。

【专家点评】

庄蕾蕾老师执教的《公民权利的保障书》一课，有两个突出的特点：一是从教学内容的特点出发设计教学思路，二是从学生的特点出发设计教学活动。

首先来分析第一个特点"从教学内容出发设计教学思路"，可以归纳为三个关键词：起始、难度、影响。

起始：这节课是《道德与法治》八年级下册《法治教育专册》的第一单元第一课第一框的内容，是整个法治教育教学的开始。它又是学生规范性学习宪法知识的开始。虽然小学学生接触过宪法知识，但是从规范性学习的角度而言，这一课也当之无愧是一节起始课。

难度：从教材呈现的内容不难看出，教材的观点严谨规范，没有太多发挥的余地；这部分内容的资源占有也很少，老师们要寻找相关的案例素材也有一定的难度。

影响：既然是法治教育的起始课，那么这节课能不能激发学生学习法治课程的兴趣，调动学生学习参与的热情，对后续的学习就会产生很大影响。作为规范学习法治课程的开始，如何引导学生学习法律知识，如何在法治课上进行师生之间的有效沟通，从方法上来讲，对后续的学习也会产生影响。

基于上面对本节课第一个特点的分析，我们来看庄老师的教学思路是从"学"和"悟"两个角度进行的设计。学：宪法的地位、基本内容、宪法的原则。悟：通过活动引导学生感悟宪法的作用，体会宪法是公民权利的保障书。结合这个思路，我们来看庄老师这节课。她从说文解字的角度入手，首先解读"宪"的繁体字，帮助学生直观感受宪法。进而设计3个环节：初识宪法，走近宪法——学习宪法，感受宪法——宣传宪法，捍卫宪法。

在初识宪法这个环节，老师用非常简单直白的问题切入"对于宪法你了解什么？"从情感上拉近孩子与宪法的距离；第二环节老师设计了两个大的活动，用了4个"共同"，在学习和探究的过程中，帮助学生认知了解宪法。最后的环节老师用简短的总结，从知导向行，帮助学生理解对于宪法的学习要

"内化于心，外化于行"。这样老师实现了"情——知——行"的统一。

这节课的第二个特点，是"从学生特点出发设计教学活动"。八年级学生的特点，决定了他们在学习的过程中，更希望有贴近自己生活的情景，能够在情境中分析、碰撞，产生共鸣，也喜欢通过参与活动，与同伴有更真实的交流，形成真实的感悟。庄老师正是充分考虑学生的这些特点对教学活动进行了精心的设计。

这节课我们可以非常清晰地感受到，在中间环节，老师设计了两个大的活动。一是读《宪法》文本，感受国家一切权利属于人民；二是模拟听证会，体会国家尊重和保障人权。这两大活动正是为了落实《宪法》的两个重要的原则，在共同学习共同探究的基础上，共同参与听证会，共同分享认识和感悟。

学生亲手拿着《宪法》进行阅读，在阅读中寻找法条，体会宪法的权威，这种亲身的感受会让学生受用终身。而模拟听证会，内容很简单——外地务工子女教育问题，但学生的参与热情却非常高，他们在这个过程中感受到一种庄严、严谨的仪式感，更深刻地体会到宪法对人们权利的保障。

另外，老师在活动中，选择真实的素材，话题都是与学生生活十分贴近的，如：爷爷家的变化、村里的变化——学校的改变——社区的变化——阶梯电价听证会等等，这些都是学生真实的生活，是他们的所见、所闻、所感。这种真切的感受，能帮助学生更好地体会到宪法的意义与价值，感受到宪法对我们权利的保障。

所以，这节课从教学内容特点出发进行了教学思路的设计，从学生特点出发进行了教学活动的设计，收到了非常好的效果。既激发了学生学习法律的兴趣，又帮助学生切实感受到法律就在我们身边，让我们的生活变得更加美好，为后续的学习奠定了良好的基础。

北京市基教研中心德育研究室主任、北京市教研员

金　利

第三篇
以实践为基，活化理论教学

　　社会是最大的课堂，生活是最好的教育，人生就是一次远足。把综合社会实践活动与政治课教学相结合，可更大范围地引导学生走出家门、走出校门，走进自然、走进社会，充分发挥社会资源的育人功能，让学生在体验中获取知识、开阔视野、增强意识品质，感受教育的力量。以实践为基础，把社会"大课堂"与学科"小课堂"相结合的综合社会实践活动，把书本上的理论还原到现实生活当中，"活化"了课堂教学，让学生在体验中发现问题、探究问题和解决问题，成为充分获取知识的生动的第二课堂。

基于核心素养的"人生远足"综合社会实践活动的实践研究

　　"社会是最大的课堂，生活是最好的教育，人生就是一次远足。"在北京市陈经纶中学张德庆校长这一教育理念的引领下，2003 年北京市陈经纶中学开创了一种新的教育模式——"人生远足"社会实践活动课程。2007 年陈经纶中学帝景分校在继承和发扬陈经纶中学优秀办学传统的基础上，逐步构建了适合帝景分校学生特点，以满足帝景分校学生探索未知世界、自主合作学习、积极践行亲社会行为等个性发展需求的"人生远足"综合社会实践活动课程体系。

一、课程缘起

（一）国家课程改革发展的要求

　　2014 年教育部发布的《关于全面深化课程改革，落实立德树人根本任务的意见》提出，要深入回答"培养什么人、怎样培养人"的问题，根据各学段学生的特点，提出促进学生发展核心素养体系，培养个人修养、社会关爱、家国情怀等核心素养，注重提高自主发展、合作参与、创新实践等能力。2017 年 9 月教育部颁布的《中小学综合实践活动课程指导纲要》指出："坚持教育与生产劳动、社会实践相结合，引导学生深入理解和践行社会主义核心价值观，充分发挥中小学综合实践活动课程在立德树人中的重要作用。""初中阶段学生，通过积极参加班团队活动、场馆体验、红色之旅等，亲历社会实践，形成并逐步提升对自然、社会和自我之内在联系的整体认识，具有价值体认、责任担当、问题解决、创意物化等方面的意识和能力。"

依据国家课程改革发展的要求，在初中阶段开展丰富多彩的综合社会实践活动，是提升学生综合素养的重要载体，是培养学生形成自立、自强等品质，养成关注生活、关爱社会、亲近自然等人文素养的重要途径。因此，加强基于核心素养的综合社会实践活动的研究，构建学科逻辑与生活逻辑、理论知识与现实生活相结合的综合社会实践活动课程，培养学生的人文底蕴、科学精神、学会学习、健康生活等核心素养，是深化课堂教学改革，充分发挥综合社会实践活动育人功能的必然要求。

（二）帝景分校综合社会实践活动发展的要求

陈经纶中学帝景分校在继承和发扬陈经纶中学开创的"人生远足"社会实践活动课程的基础上，从 2007 年建校开始逐步探索帝景分校"人生远足"综合社会实践活动课程建设。但由于师资、经验、资源等方面因素的影响和制约，帝景分校以往开展的综合社会实践活动还存在以下一些问题。

1. 从课程的整体设计和规划上

以往的课程设计学科知识综合性不强，活动的时间和地点比较随意，随机性大，没有形成固定的、系列的实践主题和教育内容，对综合社会实践活动的整体规划和设计不够深入、全面。

2. 从课程资源的开发和利用上

综合社会实践活动的资源相对较少，一学年只能组织 1～2 次活动，不能充分满足学生对了解社会、亲近自然、体验生活等实践活动的学习需求，更不能满足学校课程建设的需求。

3. 从实践活动的形式和效果上

以往的综合社会实践活动往往借助春游和秋游形式，学生的关注点更多是在"游"上，走马观花，深入思考少，实践活动的育人功能和价值被淡化，对学生的学习能力、个人素养等方面的培养与提高作用不明显。

（三）学校课程研究发展的要求

陈经纶中学帝景分校开展综合社会实践活动多年，已取得一定成效。近年来发表和获奖的相关案例和论文已有多篇，开展的综合社会实践活动得到了各级领导和相关部门的肯定。《中小学综合实践活动课程指导纲要》提出："本课程强调学生综合运用各学科知识，认识、分析和解决现实问题，提升综合素质，着力发展核心素养，特别是社会责任感、创新精神和实践能力。"帝景分校以往的研究更多停留在实践活动开展的方式、活动的内容以及过程的实施等方面。因此，在国家新课程改革具体要求的引领下，帝景分校将弥补以往课程研究的不足之处，在课程的整体规划、实施过程、评价方式等方面下功夫，特别是要加强综合社会实践活动对提高学生核心素养培养的探索和研究，以实现综合社会实践活动育人功能的最大化，促进学生全面、协调、可持续发展。

二、课程开发

（一）课程开发的原则

1. 基于国家人才培养的需求

立德树人作为基础教育的根本任务，说到底是培养什么人、怎样培养人的问题，这不仅关系到党和人民教育事业的发展，也关系到整个中国特色社会主义事业的全局和长远发展。所以，教育不仅要传授知识、培养能力，还要把社会主义核心价值融入课程中，引导学生树立正确的世界观、人生观、价值观、荣辱观。"人生远足"综合社会实践活动课程正是通过行走间的观察、体验和感悟来引导人、激励人、规范人和塑造人的。

2. 基于学生个体发展的需求

中学时代是人生发展的关键时期，这个年龄段的学生世界观、人生观和价值观没有完全形成，对事物的认识具有直观性、粗浅性、固执性的特点，他们对人生和社会现象往往只凭个人的经验和理解去评价，不能透过现象看到事物的本质。帝景分校通过开展深受学生喜爱的"人生远足"综合社会实践活动，将学生带入社会大课堂中，立足学生现实的生活经验，通过积极、有效的引导，把理论观点寓于社会生活和学生活动的主题之中，引导学生形成正确的世界观、人生观和价值观。

3. 基于课程改革的需求

随着《中小学综合实践活动课程指导纲要》《北京市课程改进意见》和《北京市课程实施方案》等政策的相继出台，国家明确提出："要关注课程的整体育人功能以及学科内、学科间的联系与整合，加强综合实践活动课程的开发与实施，大力培育和践行社会主义核心价值观。"同时，学校要"构建开放性的教与学模式，学校要组织学生走出校门，中小学校各学科平均应有不低于10％的课时用于开展校内外综合实践活动课程"。这些要求与帝景分校一直实施的"人生远足"综合社会实践活动课程有很多契合点。

（二）"人生远足"课程与帝景"EOC 精致课程"体系

陈经纶中学帝景分校在"全人教育""实施精致教育、奠基幸福人生"办学理念的指导下，通过"国家课程校本化、校本课程特色化、特色课程精品化"打破学科壁垒，软化学科边缘，建立了"EOC 精致课程"体系。

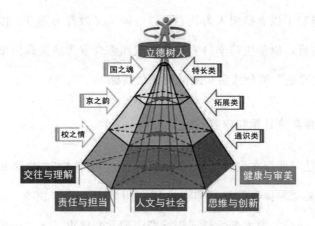

"EOC精致课程"结构图

"EOC 精致课程"体系强调教育与教学的有机结合、整体打造，突出学科育人、活动育德，在课程实施中培养和践行社会主义核心价值观。2007年帝景分校"人生远足"综合社会实践活动课程，正是在"EOC 精致课程"的引领下应运而生的。通过"让学生在课程学习中进行体验，在主题活动中受到教育，在社会实践中开阔视野、陶冶情操、磨炼意志，在社团活动中发展个性，在展示交流中施展才能"等多种途径，实现"全人教育""全面提升学生综合素养和实践创新能力"的育人目标。

"EOC精致课程"实施原则

三、课程框架

（一）课程总目标

陈经纶帝景分校"人生远足"综合社会实践活动课程在学校课程总目标

的基础上，确定了以立德树人为核心、以爱国主义教育为重点、以传承中华传统文化为主旨，以学生跨学科素养的养成和综合素质的提高为出发点和立足点的"人生远足"综合社会实践活动课程目标。

（二）课程具体目标和内容

"人生远足"课程在设计上体现了课程结构"整体性"、学科知识"综合性"、活动成果"多样性"等特点。在课程内容上整合了语文、思想品德、历史、地理、音乐、美术等学科课程标准中的共性要求，把"传承中华传统文化""弘扬民族精神、增强民族意识""认同中华文化""培养爱国精神"等内容，作为"人生远足"综合社会实践活动课程的重要教学依据。

学科	课标要求	整合点
语文	要继承和发扬中华优秀文化传统和革命传统，体现社会主义核心价值体系的引领作用，突出中国特色社会主义共同理想，弘扬以爱国主义为核心的民族精神和以改革创新为核心的时代精神	传承中华传统文化 弘扬民族精神 增强民族意识 认同中华文化 培养爱国精神 培养人文精神
思想品德	弘扬民族精神，树立中国特色社会主义共同理想，形成正确的世界观、人生观和价值观	
历史	弘扬以爱国主义为核心的民族精神和以改革创新为核心的时代精神，传承人类文明的优秀成果	
地理	弘扬科学精神和人文精神，培养创新意识和实践能力，增强社会责任感	

"人生远足"综合社会实践活动课程包含市内课程和省际课程两部分，紧紧围绕中华文化之根、之魂，围绕对中国人影响深远、印象深刻、具有文化底蕴的代表性的地点来设计。经过几年的实践，形成以探究北京市博物馆文化为主线的"京之韵""国之魂""国之强"3大课程模块，以及以省外探究中华传统文化为主线的"经典文化之旅""寻根文化之旅""精神文化之旅"3大课程模块，逐步明确了帝景分校"人生远足"课程目标、课程内容、学科知识整合点和任务要求，建立了陈经纶中学帝景分校"人生远足"

综合社会实践课程体系。

陈经纶中学帝景分校"人生远足"综合社会实践课程体系

主要涉及的核心素养	类别	课程模块	年级	课程主题	课内学科	课程目标
勇于探究 自我管理 国家认同 审美情趣 问题解决	市内博物馆课程	模块1：京之韵	七年级	"知北京、爱家乡"——首都博物馆	历史 地理	通过走进首都博物馆、故宫，了解北京悠久的文化和特色文化，增强爱北京、爱家乡的情怀
				"走进故宫，感悟历史"——故宫博物院	历史 美术	
		模块2：国之魂	八年级	"爱我中华，汲取文化精髓"——走进国家博物馆	历史 政治	通过走进国家博物馆、抗日战争纪念馆等，了解中国历史，体会国家发展强大的重要意义，增强爱国主义意识和公民意识，激发学生的爱国精神
				"不忘历史，继往开来"——抗日战争纪念馆	历史	
				观看天安门广场升旗仪式	政治	
		模块3：国之强	九年级	"立志长城行，圆我中国梦"——长城	地理	激发学生的报国之志，使其勇于承担社会责任，把个人理想与国家的命运紧密结合起来
				"体验科技、创新梦想"——科技馆	物理	
人文积淀 审美情趣 勇于探究 健全人格 社会责任 国家认同	省际文化之行	模块1：经典文化	七年级	江南水乡文化	历史 地理 政治 生物 语文 美术 音乐	走进我国经典文化代表地区，感受和体验我国博大精深的文化，增强文化认同感
				山东儒家文化		
		模块2：寻根文化	八年级	中原寻根文化		认同我国传统文化，产生民族自豪感
				陕西革命精神		
		模块3：精神文化	九年级	创新进取长江行		培养学生开拓进取、勇于创新、自强不息的精神品质
				坚强意志黄山行		

四、课程实施

课程的实施过程就是将活动规划、方案落实到具体的活动中，通过师生共同参与、充分利用各种活动资源，开展实践活动，最终实现教育目标的过程。下面将从活动前期准备、中期实施、后期总结等几方面对帝景分校"人生远足"综合社会实践活动课程的具体实施策略进行介绍。

（一）活动前期筹备

组织筹备是综合社会实践活动实施的首要环节，包括学校、教师，以及学生的各方面准备工作。其中，学校的准备工作包括：协助开发课程资源、活动的宣传动员、活动安全保障等。教师的准备工作包括：课程资源的开发、研学手册的编写、课程主题的确定等。学生的准备工作包括：了解活动与教材的结合点，学习教材相关内容，准备相关研究或访谈问题，做好小组分工等。下面以《传承革命精神　感受文化瑰宝》陕西"人生远足"课程为例，介绍活动前期的部分准备工作。

活动准备一：课程资源的开发

为了更好地满足学生的需要，在确定远足课程实施的范围后，学校通过问卷调查、开座谈会等多种方式展开调查。陕西远足前，通过问卷调查了解到，学生对延安、壶口瀑布、"世界八大奇迹"之一的西安兵马俑、古城墙等景观兴趣较高，因此陕西远足课程内容就重点围绕以上这些地点进行设计，使远足活动能够最大限度地满足学生的学习需求，充分调动学生学习的主动性和创造性，保证实践活动顺利有效地开展。

活动准备二：挖掘综合社会实践活动与教材相关内容的结合点

课程地点	相关学科	学科相关内容
延安革命博物馆	政治	延安精神与民族精神
	历史	在延安发生的革命历史
	音乐	信天游、安塞腰鼓
延安壶口瀑布	音乐	《黄河大合唱》
	地理	黄河水文特征、河流侵蚀作用、旅游资源的开发

课程地点	相关学科	学科相关内容
延安枣园	地理	窑洞民居
	历史	延安革命历史
	语文	《为人民服务》
	政治	延安精神与民族精神
路程中	地理	黄土高原地貌特点
黄帝陵	生物	柏树的特征与生态环境
	历史	人文初祖——黄帝
西安兵马俑	历史	秦朝的军事、文化、经济
回城就餐	地理	地方文化特色之饮食
西安古城墙	地理	世界文化遗产的保护，城市聚落的形成因素

活动准备三：远足手册设计

组织多学科教师共同设计远足手册，挖掘与本学科相结合的实践活动资源，并将这些学科内容进行有机整合，在"体验、开放、综合"的原则基础上，通过问题的形式呈现给学生，共同设计远足活动手册，便于学生有目的地进行深入学习，引发更多的思考。力争通过远足手册，引领学生观察、思考和感悟，让教育、让学习回归生活，实现思想、精神、行动上的共同远行。

（二）活动过程实施

活动实施是课程开展的关键环节，帝景分校"人生远足"课程形成了"问题引领—兴趣激发—合作学习—实践主导—收集整理"的基本实施策略。

在活动实施的过程中，以研学手册和学生自主研究的主题研学问题统领实践活动的始终。让问题引领活动，可以激发学生的活动兴趣，创设良好的活动氛围。带着问题参加活动的学生，能够在实践活动中产生一种主动质疑、积极探究的良好心态，在遇到问题时敢问、善问、会问，在不断提出问题、分析问题和解决问题的过程中，提高学生主动探究和自主学习的能力。

以小组为单位，确定研学主题。各小组结合参观的相关内容，上网查找相关知识，确定自己的研究专题，或由教师为学生提供部分参考议题。

深入实践地点，开展研究学习。结合每组一册的远足手册和本组研究课题，在远足过程中进行自主学习。在学习过程中，完成学习单任务，收集与本组课题相关的信息。

以多种方式体验生活，完成研学问题。在问题的引领下，学生可以通过参观、交流、访谈等各种活动方式，积极参与到实践活动中，不断寻找问题的答案和解决的方法。

交流调查情况，整理资料。学生在参观调查后，针对远足手册中的疑问进行交流，寻找老师帮助，或寻求实践基地讲解员的帮助。问题解决后，对课题收集到的材料和信息进行整理。

（三）活动后期成果

活动后期汇集成果是课程开展的关键环节

1. 形式多样化的学生学习成果

学生系列成果一：科技创新类成果

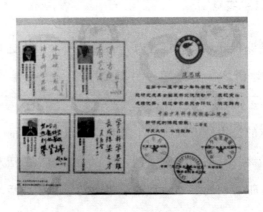

学生科技成果获奖证书

学生系列成果二：班级专题研学类成果

《班级专题研学作品集》（节选）

学生系列成果三：文学创作类成果

帝景学子游延安抒怀

革命圣地闻名久，今日喜成延安行。

黄河黄原黄帝裔，赤军赤旗赤子心。

万苦奋作救亡志，千难不改报国情。

初心少年永萦怀，中国梦圆从我行。

——七（3）班　汤雨晴

学生系列成果四：文化艺术类成果

江南水乡水墨画

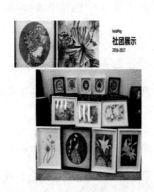

传统手工艺作品

原创剧《妇好新传》　　　　　原创剧《还我河山》

2. 交流体会

　　每个班利用班会时间，让每个学生就参加远足活动谈体会，教师对学生的口头表达能力、参与的深度与广度作合理的评价。学生通过交流，分享实践活动的体会和感悟，使自身的责任意识、爱国意识、自强精神等综合素养得以内化和提升。

综合社会实践活动

　　学生感想一：苏州园林咫尺之内再造乾坤，红旗渠上铭刻的历史遗光，五帝的号角依旧回响，滔滔的黄河终去远方……人生远足，让我们从社会中感悟生活，从生活体会知识，从知识领悟人生的真理。

——八（1）班　张博宁

　　学生感想二：人生远足活动，让我们丰富了知识，也培养了我们的生活自理能力和与人沟通能力，是我们成长过程中的巨大财富。

——八（1）班　张君尚

　　学生感想三：观山川之壮丽，看物产之丰富，品民风之淳朴，寻古人之遗迹，一切都那么和谐，激发了我们强烈的热爱祖国之情。

——七（4）班　高炀开

3. 成果展示

在班级展示的基础上，学校通过展板、视频、年级交流展示会等形式，对研学各方面优秀的学习成果进行集中展示。通过展示交流，班级之间、同学之间可以取长补短、相互借鉴，激发学生的学习和创作热情，增强学生的自信心，提升学生的参与意识和创新精神。

五、课程评价

陈经纶中学帝景分校建立了比较完善的课程评价体系，在评价主体上，采用自我评价、小组评价、教师评价和其他主体评价的多元评价方式；在评价内容上，对学生参与活动的态度、活动过程中的表现以及活动后的作业成果等多方面进行综合评价。多元的评价方式有利于提高学生参与综合社会实践活动的积极性和主动性，促使学生对实践活动进行反思，有助于培养学生的独立性、自主性和自我发展、自我成长的能力。

陈经纶中学帝景分校综合社会实践活动效果综合评价表

班级：　　　姓名：

基本要点	评价指标	自评			互评			师评		
		达标	基本达标	继续努力	达标	基本达标	继续努力	达标	基本达标	继续努力
审美情趣	了解活动地区的特色文化									
	发现并能欣赏活动中美的事物									
	知道事物美的具体表现									
	能将看到的、感受的美好事物用恰当的形式表达出来									
勇于探究	在活动中有强烈的好奇心和想象力									
	在活动中遇到困难，能不畏困难，坚持不懈探索									
	能积极主动地进行尝试，积极寻求解决问题的方法									

续表

基本要点	评价指标	自评			互评			师评		
		达标	基本达标	继续努力	达标	基本达标	继续努力	达标	基本达标	继续努力
信息意识	能自觉有效地获取信息									
	能有效使用信息									
自我管理	能知道并正确认识自己的优缺点									
	合理分配和使用时间与精力									
	具有坚持达成目标的持续行动									
	能主动发挥自己的优势									
国家认同	初步了解当地的一些历史等情况									
	认同并尊重当地的优秀文化									
	主动将当地的文化传播给别人									
问题解决	活动中，能发现并提出问题									
	有解决问题的兴趣和热情									
	能想办法解决问题									

在评价的具体方式上，通常采用行为观察法对学生参与综合社会实践活动的过程进行评价。通过观察的途径来评价学生，可以使教师全面了解学生在活动中的实际表现，是综合社会实践活动过程性评价的有效方法。为提高观察的可靠性和精确度，在进行观察活动前要编制观察表。轶事记录表、等级量表、调查问卷、成长记录袋等也都是"人生远足"综合社会实践活动常用的评价工具。

六、活动效果与创新

（一）注重学科综合，强调知识融通

与以往综合社会实践活动相比，陈经纶中学帝景分校"人生远足"综合社会实践活动，更加注重知识的综合融通，强调多学科知识"网状供给"。活动综合运用史、地、思品、语文、物理等多学科知识，将"学科综合"理

念贯穿于实践活动整体设计中，强调课程的整体性，注重学科之间的相互融合，着眼于学生跨学科素养的养成，以整体性的课程理念培育学生整体性的综合学科素养。

（二）实现了实践活动与课堂教学的有机结合

帝景分校坚持把综合社会实践活动与课堂教学相结合，把开放性实践活动成果引入课堂教学中，对课堂教学起到拓展和延伸的作用。实践活动后，教师把实践活动的成果引入课堂教学中，引导学生把自己在实践活动中的所见、所想充分地表达出来。参加实践活动后的学生对问题的认识是生动的、多维的，回答问题的态度是积极的、主动的，呈现出的答案是开放的、不拘泥于教材且丰富多彩的。把综合社会实践活动与课堂教学相结合，引导学生把书本上的理论还原到现实生活情境中，使学生有话可说、有话想说，课堂上学生自觉地"动起来"，课堂自然地"活起来"，使帝景分校综合社会实践活动真正成为学生们充分获取知识的生动的第二课堂。

（三）成果的多样化呈现，促进了学生智力因素和非智力因素的双重发展

实践活动后，学生形成了调查报告、总结、课件、展板、视频等多种成果形式。例如在"探中华文化，寻民族之根"综合社会实践活动后，历史研学小组以书画、猜字游戏、撰写古诗文等方式展示了中华文字的神奇魅力；戏剧小组自编自演历史穿越剧《妇好新传》，学生们用现代人的思维和观点，惟妙惟肖地再现了3000年前华夏最早的巾帼英雄的英姿和风采；地理小组通过小实验为同学们揭开了云台山地质成因之谜；物理小组展示了在登山的过程中，采集到的一组组真实数据。

学生情感、态度、价值观发生转变，形成实践活动的隐性成果。帝景分校通过综合社会实践活动组织学生参观红旗渠、南京大屠杀纪念馆、延安革命根据地等地，培养学生的爱国意识、家国情怀。一名同学在参观延安革命

根据地后写道:"走进延安革命纪念馆,我们了解了中国革命的历史和艰苦奋斗的延安精神,体会到今天幸福生活的来之不易。在王家坪中,著名的安塞腰鼓让我们振奋,打鼓、扭秧歌也让我们感受到了陕北民俗的趣味!黄河之水天上来,延安精神代代传!"通过参观体验,激发了学生们不忘历史、发奋学习的决心。综合社会实践活动的开展,能有效地引导学生关注社会、关注生活,在社会参与中,树立理想信念,培养优秀品质,提升家国情怀,最终实现立德树人的教育目标。

在"人生远足"综合社会实践活动的组织过程中,我们积累了一些经验,比如安全问题是"人生远足"活动首要关注和必须解决好的问题;学校领导强有力的支持是"人生远足"活动能否实施的关键;小组合作是"人生远足"活动的最好的组织形式,可以有效地实现学生分层管理和自管自育,增强学生的合作和团队精神。综合社会实践活动是新课程改革的亮点,也是难点,"人生远足"综合社会实践课程如何向多样化、深层次发展,进一步打破学科界限,更好地促进学科知识间的有效整合,提升学生的综合素养,是我们下一步需要思考和创新的新课题。

总之,"人生远足"综合社会实践活动是一项多功能、多维度、多层次的教育实践课程。丰富多样的综合社会实践活动、多样化的课程资源,使学生获得更加丰富、真实的体验,在认识、体验与践行中实现正确思想观念和良好品质的形成和发展。实践证明,与学科教学相结合的"人生远足"综合社会实践活动在提升学科核心素养,深化学生对社会生活的认识和理解,引发、强化、提升学生向学、向上、向善的情感等方面,具有不可替代的作用。

思想政治课社会实践活动资源开发和
利用的策略研究

思想政治课要引领学生在认识社会、适应社会、融入社会的实践活动中，感受经济、政治、文化各个领域应用知识的价值和理性思考的意义。中学政治课的社会实践活动以"活动"为主要开展形式，以"实践学习"为主要特征，强调课程与生活、学生与社会的有机联系，重视在实践过程中不断生成的各种教育经验。因此，中学政治课的社会实践活动资源的开发与利用对社会实践活动的实施有着特殊的意义和价值。

一、社会实践活动资源的开发

（一）资源开发的类型

社会实践活动资源是指活动要素以及实施实践活动的各种必要条件。从一般意义上说，人们按照不同的标准，对实践活动资源进行了如下分类。

1. 校内资源和校外资源

社会实践活动资源按照资源在空间上的分布划分，可以分为校内资源和校外资源。

实践活动校内资源主要包括校内的物质资源，如图书馆、实验室、专用教室、网络信息中心、社团活动基地等各种场所和设施；也包括校内人文资源，如师生关系、学习方式、教学策略、教师和学生；还包括校内的活动资源，如文体活动、社团活动、座谈讨论等。

实践活动校外资源主要包括学生家庭、周边社区乃至整个社会中各种作用于教育、教学活动的设施、条件以及丰富的自然资源。其中，家庭资源包括学生家庭的图书与报刊、家长的引导等；社区资源包括居委会、街道、物业公司等；社会资源包括社会单位、企业、农村、博物馆、历史遗迹等；自然资源包括水土、气候和环境等。

2. 素材性资源和条件性资源

社会实践活动资源按照资源特点划分，可以分为素材性资源和条件性资源。

素材性实践活动资源的特点是作用于社会实践活动，并且能够成为社会实践活动的素材或来源。其内容包括知识、技能、经验、活动方式与方法、情感态度和价值观，以及培养目标等。

条件性社会实践活动资源的特点则是作用于社会实践活动却并不是形成社会实践活动本身的直接来源，包括直接决定社会实践活动实施范围和水平的人力、物力和财力，时间、场地、媒介、设备、设施和环境，以及对于社会实践活动的认识状况等因素。

3. 自然资源和社会资源

社会实践活动资源按照资源的范围划分，可以分为自然资源和社会资源。

来自大自然的动植物、微生物、生物圈，地形、地貌和地势，气候、天气、节气等，这些自然资源用于中学政治课的社会实践活动，形成社会实践活动的自然资源。

社会实践活动的社会资源包括公共设施和公共场所、人类的交际活动与社会交往过程中所建立的人际关系、群体的行为规范、同辈团体的影响、价值观、信仰、宗教伦理、风俗习惯等。这些社会资源直接或间接地成为实践活动课程资源，引领和影响学生群体的发展。

此外，社会实践活动资源还可以按照课程资源的存在方式分为显形资源和隐性资源；按照社会实践活动资源的呈现方式可以分为文字资源、实物资源、活动资源、信息化资源；按照资源属性可划分为思想资源、实验资源、实物资源、知识资源、经验资源等。

（二）社会实践活动资源开发的特点

社会实践活动具有实践性、综合性、开放性等特点，根据这一特点，社会实践活动资源开发主要具有开放性、生成性、针对性等特点。

1. 开放性

中学政治课社会实践活动内容的开放性决定了资源开发的开放性。因此，学校在进行资源开发时，应根据活动的主题、活动的主体和活动的目的选择不同的资源。从空间角度看，可利用校内的学生社团、学生活动基地、校本课程等资源创办学生公司，开展"模拟联合国""模拟政协"和"模拟法庭"等实践活动；也可以走出校园，充分利用各种社会资源，如走进企业、农村、社区、外交部等，通过参观、考察和调研等形式开展社会实践活动。

2. 生成性

"生成指事物的发生与形成具有过程性、开放性和发展性的意义，强调事物的生命活力和潜在的创造价值。"社会实践活动资源的开发与形成具有生成性，即在教学动态进行的过程中生成的，不是教师预先设定的资源，是学生在参与活动的过程中，发现了一些新问题、新情况，在师生共同探究的过程中，需要寻找新的社会实践活动资源，以此完成对新问题的探究任务。例如在讲授《企业的经营与发展》一课时，学生对"企业经营"这一问题的认识是模糊的、有限的，教师可利用媒体向学生介绍一些优秀企业的成功案例，帮助学生分析理解。但在探究分析的过程中，学生对一些抽象的知识仍然不能得到有效理解或产生一些新问题，在这种情况下教师可根据学生的需求，充分开发和利用校外课程资源，带领学生走进校园周边的优秀企业，帮助学生直观地去观察企业，具体、深入地了解和探讨该企业经营成功的经验，解决课堂学习中存在的困惑与问题，实现校外资源的有效利用。

3. 针对性

不同学段的学生具有不同的身心发展特点，这就要求教师在确定社会实践活动资源时必须考虑到学生的身心特点和发展需求，注重针对性。因此，社会实践活动资源的开发和利用必须与学生的情况相适应。不仅要考虑学生的共性，更要考虑特定学生对象的特性；不仅要考虑他们已经学过的内容，还要考虑他们现有的知识、能力和素质背景。

案例：《市场价格调查》社会实践活动

调查目的：为了更好地让学生理解和体会思想政治课必修一《经济生活》中"价格"的相关内容，帮助学生学会观察、学会思考、学会自学，充分发挥学生个体的特点，让不同的学生都能在活动中得到不同的学习收获，可通过组织本次社会实践活动，激发学生的学习兴趣，使学生从活动的过程中体会学习的快乐。

调查对象：不同类型的商家。学生可以选择同一时间不同商家的同种商品做调查，也可以选择同一商家不同时间的同一商品做调查。

调查内容：价格变化的情况及变化的原因

调查时间：一周时间

作业形式：用喜欢的方式呈现在 A4 纸上。可以用表格、图示、绘画、照片、文字等方式，尝试分析价格变化的原因。

评价方式：各个班级评选出的优秀作业记录一次平时成绩"优"，并在学校做一次年级作业展览。

（三）社会实践活动资源开发的意义

1. 促进学生的全面发展

（1）拓展学生的视野，激发学生的求知欲。社会实践活动资源的开发拓展了学生的学习空间，改变了学生的学习环境，拓宽了学生的视野，增强了学生的学习兴趣。同时多种形式的社会实践活动资源为学生提供了一个开放的学习空间，学生们走出了教室、走出了学校，投入到广阔的自然、社会大环境中。这样的活动让学生的学习超越了书本、超越了课堂，激发了学生的求知欲。

（2）改变学生的学习方式，引导他们主动探究。社会实践活动资源的开发改变了学生的学习方式，有利于其养成主动参与、自觉探究的学习习惯。在开放性的社会大课堂中，学生通过探索发现、大胆质疑、调查研究、合作交流，不断提高自主探究、搜集和整理资料以及团队合作等多方面能力。

（3）增强学生的社会责任感，达到知与行的统一。社会实践活动资源的开发促进了学生正确的世界观、人生观和价值观的形成。在社会实践活动中，社区资源、家长资源、社会资源都可以让学生更加真实地了解社会，在感悟和体会中学会关心社会、关爱他人，增强乐于为社会、为他人奉献的社会责任感和使命感。

2. 促进教师的专业发展

社会实践活动资源的开发对教师提出了新的专业能力要求，即活动开发的专业素养和能力。教师是学生充分利用资源的引导者、开发者，因此教师必须具备根据具体的教学目的和教学内容开发与选择活动资源的能力，充分挖掘各种资源的潜力和深层次价值。因此，社会实践活动资源的开发有利于教师形成"生成意识""发展意识"，自觉主动地根据实践活动的目标要求，合理开发和有效利用社会实践活动资源，指导学生生成活动主题，设计活动方案，以实现社会实践活动的目标。

二、实践活动资源开发和利用的途径

（一）立足学校，整体开发资源

立足学校开发校内实践活动资源，是指以校为本，充分挖掘学校内部的社会实践活动资源。开发和利用校内资源，一方面可以充分利用学校现有的资源，例如利用学校图书馆、网络信息中心、校园电视台、学生社团等场所或组织，开展与学校社团活动、学生组织等相结合的社会实践活动，让学生通过校内实践活动去亲身体验与感悟，使课堂教学得到有效的拓展和延伸。另一方面要重视校内资源的创新开发，受历史传统、文化背景、办学条件等因素的影响，不同的学校有着不同的办学理念和办学特色，教师可以从学校的具体情况出发，立足于学生发展要求，结合学校的办学特色，有效开发利用社会实践活动资源，创造性地开展社会实践活动。

（二）走进社区，深度开发资源

社区是以一定地域为基础，由具有相互联系、共同交往、共同利益的社会群体、社会组织所构成的一个社会实体，具有区域性、共生性、聚集性和多样性等特征。组织学生走进自己生活的社区，了解基层社会生活的社区社会实践活动是学生接触社会生活实际，参与社会生活的有效途径。学生通过对社区的调查走访，接触现实社会，了解社会状况，可加强对社会的客观认识和深入理解，增强社会责任感和使命感。

（三）面向社会，综合开发资源

社会资源是丰富多彩、鲜活且具有生命力的。学校在开展社会实践活动的过程中，可以根据学校实际情况和办学特点，建立促进学生可持续发展的社会实践活动的社会资源库。

1. 区域资源

可利用学校所在区域的区域资源等。

2. 社区资源

可利用学生居住的社区、学校所在的社区资源等。

3. 公共资源

可利用博物馆、规划馆、各类市场、对外开放的企业、社会主义新农村等公共资源等。

4. 人力资源

可利用外交部新闻发言人、政协委员、人大代表、优秀共产党员、社区工作者、身边先进人物、财务人员等人力资源。

三、实践活动资源开发和利用的基本要求

（一）走进生活，学以致用

"贴近生活、贴近实际、贴近学生"，不仅是思想政治课的教学原则，也是开发和利用社会实践活动资源必须遵循的基本原则。社会实践活动资源的开发和利用必须让"生活走进课堂，课堂走进生活，学生走向社会，社会走向学生"，并让学生"在实践中体验，体验中感受，感受中收获，收获中成长"。因此，社会实践活动资源的开发和利用，必须贴近学生的生活实际，注重学生的亲身体验，使学生在实践中不断丰富和完善认识，提高运用知识、解决问题的能力水平。

（二）适度开发，注重整合

社会实践活动资源是十分丰富的，但教师在开发和利用社会实践活动资源时，要注重资源开发和利用的有效性，即是否符合学校、学生以及社会实践活动资源利用的实际，是否能够达到或实现社会实践活动开展的目的。因此，在资源开发和利用时，要注重资源开发和利用的广度和深度，适度开发。

社会实践活动具有综合性的特征，因此社会实践活动资源的开发和利用也要遵循整合性的原则，才能给学生提供更广阔的空间和舞台。

1. 学科内部的整合

社会实践活动要加强学科内部的知识整合，就要打破教材结构，重构知识体系，把有关联的教材内容进行整理，体现知识的横向、纵向的联系，便于学生更加全面、深入地理解实践活动的主题。如在组织学生参观考察企业

经营的社会实践活动中，把《经济生活》中价值规律理论、企业经营以及市场经济等相关知识进行整合，可使学生更好地理解国家宏观经济形势下，企业经营策略的意图。

2. 学科之间的整合

学生走入社会参加实践活动时会涉及多个学科、多个领域的知识，在社会实践活动资源的开发中，将学科内容进行整合，模糊学科之间的界限，有利于学生对生存的世界形成整体的理解和把握，更好地培养学生综合分析问题、解决问题和认识世界的能力。如在组织学生考察工业和农业的社会实践活动中，可以紧密围绕着历史、地理和政治三科的教学内容来设置。

3. 校内外资源的整合

学校虽然具有较为丰富的资源，但要使学生接触更广泛的活动领域，单靠学校力量是远远不够的，还必须坚持校内外相结合的原则，借助社会各种教育力量，开发多种教育资源，建设一个多元化的综合实践活动资源库。

（三）因地制宜，突出特色

"因地制宜"地开发和利用社会实践活动资源，就是指从本地区、本学校、本学段的实际情况出发，开发和利用相关资源，实现实践活动实施的目标。社会实践活动资源开发的基本场所是学校，学校所处的自然环境、社区环境、文化传统和自身特点不同，可供开发利用的资源就会有差异。我国幅员辽阔，各地区在自然环境、地理环境、人文环境、经济环境等方面都有各自鲜明的特色。因此，各地区、各学校应该充分开发和利用本区域的地方资源，使社会实践活动资源独具特色。

总之，社会实践活动内容的综合性、过程的动态开放性和目标的生活体验性，使得社会实践活动资源的开发与利用显得格外重要。为此，学校和教师必须充分认识社会实践活动资源的特点，依据资源开发和利用的要求，有效地开发利用校内外各种资源，推动社会实践活动深入开展。

思想政治课社会实践活动多样化模式探索

《国家中长期教育改革和发展规划纲要（2010—2020 年)》中指出：素质教育要面向全体学生，促进学生全面发展，着力提高学生服务国家服务人民的社会责任感、勇于探索的创新精神和善于解决问题的实践能力。通过参与社会实践活动，提高学生的学习能力、实践能力和创新能力。因此，思想政治课在课堂教学之余开展多种多样的社会实践活动，可以使学生亲身感受到政治学科理论与现实的紧密关系，使社会实践活动成为连接思想政治课与现实生活的重要桥梁，发挥特有的育人功能。以下对思想政治课社会实践活动实施模式进行的分析和探讨，分别从活动实施的多样化、开展形式的多样化以及活动成果呈现方式的多样化方面提出具体的措施和看法。

一、实践活动实施模式的多样化

社会实践活动实施就是将设计的活动方案付诸实践，实现预期目标的过程。在这个过程中，学生根据教师制定的实践活动方案，主动地调研、参观、访谈和交流，教师发挥指导作用以保证社会实践活动的效果。

（一）研究性的主题探究模式

主题探究性实践活动指的是在活动中设置一定的主题，让学生对主题进行深入研究和探索的实践活动。通过主题探究性的学习，不仅能够激发学生学习学科知识的积极性，还能提高学生的探究能力和创新能力，让学生在主题探究的过程中，积极地开动脑筋，进行思考，最终提高自身的综合素质。

活动流程：找教材结合点——确定研究主题——制定研究方案——组织筹备——实施探究活动——引进课堂教学——总结交流评价。如：高一年级结合《经济生活》开展"市场价格调查""走进企业，了解企业经营"等活动，通过活动的开展，在实践研究过程中培养学生提出问题、分析问题、解决问题的能力。

（二）体验性的社会考察模式

体验性的社会考察活动是以丰富学生的社会阅历、生活积累和文化积累为主要目标，引导学生带着思考走入社会，通过亲自接触与了解获得对社会物质文化、精神文化和制度文化的认知、理解、体验和感悟的学习活动。

活动流程：选择考察主题——确定活动方案——准备活动设备——开展考察活动——搜集整理资料——撰写考察报告。如：开展"走进京郊，了解三农""蓝岛大厦'体验值班经理1小时'""追寻中国上下五千年文化——盛世古都行"等活动。通过开展社会考察活动，引导学生走出家门、校门，走进自然和社会，让学生直面生活，体验生活，丰富知识和生活阅历，在游历中锻炼自我，挑战自我，在体验中学会做人，学会交往。

（三）实践性的社会参与模式

社会参与的实践性学习活动旨在让学生有组织地进入社会情境，直接参与并亲历相关社会活动与社会生活领域，参与社区或其他社会实践活动，开展各种力所能及的服务性、公益性、体验性学习，以获取直接经验，发展实践能力，增强社会责任感。

活动流程：借助社会力量创办社团——依托拓展课学习理论——利用课

余时间完成活动——多元评价。如：学生组建"学生公司"、开展"模拟联合国""模拟法庭""校内学生电话台"等活动。实施社会参与式的综合实践活动，使学生直接参与、亲历各个领域的社会生活，通过模拟公司的运营、模拟会议等方式，让学生在实践活动中充分调动和运用所学的知识，发挥其自主性、创新性，以全新的学习方式体验活动课程。

（四）时效性的主题教育模式

思想政治课的性质、任务以及新课程的基本理念决定了思想政治课教学以及相关的活动必须坚持"贴近学生、贴近生活、贴近实际"的原则。因此，在思想政治课教学以及组织的相关活动中必须引导学生关注生活、关注社会热点、突出时效。在教学和活动过程中要了解时事内容，将时政与课本内容相联系，适时对学生进行思想政治教育，提高学生的思想政治素质。借助现代多媒体教学手段，创设活动情境，引导学生关注身边最新的时政热点，运用所学的思想政治课理论去思考和探究时代问题，以提高学生的社会责任感和使命感。

活动流程：活动动员——确定活动团队——明确活动宗旨与要求——活动落实——多元评价。例如以"北京精神"为主题的电子报制作活动、以"美丽中国、绿色北京、可爱家乡"为主题的电子报制作活动、"科技利弊谈"演讲比赛等实践活动。活动目的是通过开展与思想政治课相关的主题教育活动，加强对学生相关主题的教育，提高学生的思想道德素养，引领学生树立正确的价值取向。

二、实践活动形式的多样化

开展综合实践活动目的是通过组织丰富多彩的实践活动，让学生"动"起来，让学生在"活动"中学习，通过"行动"来学习，做到"知与行"

"动手与动脑"的结合与统一。实践活动具有开放性、实践性、多元性的特点，教师在实践活动中应依据实践活动的特点和内容，挖掘出多种多样的课程活动形式。

（一）依据不同主体范围采取的实践活动形式

第一，年级统一行动的社会实践活动。

第二，学生以小组为单位的社会实践活动。

第三，学生个体的社会实践活动。

第四，学生报名，通过竞争方式参与的实践活动。

（二）依据不同行为特点采取的实践活动形式

第一，参观。依据活动主题参观博物馆、展览等。

第二，社会调查。依据调查主题，设计调查问题，通过亲身参与调查，撰写调查报告或调查感受。

第三，访谈。通过对活动被访对象的采访、提问，获取活动主题的相关信息。

第四，学生社团。通过"学生公司""模拟联合国""经纶电视台"等教研组教师指导的学生社团，开展相关主题的学生活动。

第五，直接参与。通过"职业见习日""列席政协/人大会议""一日值班经理"等活动，让学生具有"角色"认同感。

三、成果呈现方式的多样化

社会实践活动模式、活动内容、活动资源的多样性，决定了社会实践活动成果形式的多样性。概括来说，社会实践活动的成果可以分为显性成果和隐性成果、文本成果和非文本成果等。

（一）研究性成果与发展性成果

按照实践活动成果的存在方式，可以分为显性成果（研究性成果）和隐性成果（发展性成果）。

1. 显性成果

显性成果是指看得见、摸得着的成果，如调查报告、论文、总结、课件、展板、视频和网页等。例如组织高一学生进行"市场价格调查"社会实践活动后，学生根据作业要求上交了自己制作的图文并茂的作业，教师经过挑选后制作成展板，在校园展出。展板是社会实践活动显性成果呈现的重要形式之一。学生把自己或小组在活动中调查到的数据、图片等各种信息，以及研究结果、心得体会等内容，通过展板进行展示和交流。此项活动的目的是引导学生对活动过程中得与失进行全面的总结和交流。"这个过程是对学生在实践活动实施过程中的表现、成果进行检查的过程，同时也是师生之间、学生之间共同学习、共享成果的过程"。

2. 隐性成果

隐性成果是指看不见、摸不着的成果，但可以是被感知的，如教师教学理念、行为的转变，学生学习兴趣的提高，情感、态度、价值观的转变，学校文化氛围的变化等。

案例：《走进社区，了解居委会》社会实践活动开展后的调查问卷

你认为开展本次实践活动是否有意义？

A. 非常有意义　　　B. 比较有意义　　C. 一般　　　　　D. 无意义

你是以怎样的态度参与本次活动的？

A. 对调查内容有兴趣　　　　　　B. 想多了解社会

C. 为完成调查作业　　　　　　　D. 出去放松一下

你是否愿意继续参与此类社会实践活动？

A. 非常愿意　　　B. 比较愿意　　　C. 一般　　　　　D. 无兴趣

本次调查活动让你对社区是否有了更加具体、全面的认识和了解？

A. 是　　　　　　B. 没有

你认为这类活动是否有助于你提高与人沟通、交往、合作等方面的能力？

A. 非常有帮助　　B. 比较有帮助　　C. 一般　　　　D. 没帮助

你认为实践活动与课堂学习之间的关系是（可多选）

A. 可以加深对课堂知识的理解　　B. 可以丰富教材内容

C. 可能提高学习兴趣　　　　　　D. 没什么关系

你认为开展实践活动是否有助于提高对本学科学习的兴趣？

A. 非常有帮助　　B. 比较有帮助　　C. 一般　　　　D. 没帮助

本次实践活动对你和你的家庭今后的日常生活是否会提供一定的帮助？

A. 会　　　　　　B. 可能会　　　　C. 不会　　　　D. 不知道

你认为参与此次活动的成功之处在于（可多选）

A. 有参与活动的热情　　　　　　B. 沟通能力强

C. 有家长或他人帮助　　　　　　D. 有课堂上学到的理论基础

你认为参与此次活动遗憾之处在于（可多选）

A. 工作人员不配合　　　　　　　B. 不知道问什么

C. 自己沟通能力差　　　　　　　D. 时间短，还有没有了解到的问题

在本次调查活动中一些还没有了解清楚的问题，你是否有再去调查的愿望？

A. 自己一定会再去　　　　　　　B. 如果学校组织可以再去

C. 不想再去　　　　　　　　　　D. 想到其他社区再进行调查

你对开展政治学科社会实践活动还有哪些建议？

这是一份面向全年级学生的社区实践活动开展后的调查问卷。从调查结果反馈出，91.7%的学生表示此次活动对社区有了更加具体、全面的认识和了解；93.7%的学生认为活动有助于提高与人沟通、交往、合作的能力；

85.3％的学生认为开展社会实践活动有助于提高对本学科学习的兴趣；70.0％的学生认为此次实践活动对自己及家庭今后的日常生活有一定帮助。可见，本次实践活动的开设给学生带来多方面的变化，学生的学习兴趣提高了，与人沟通合作的能力增强了，对社区的工作、社会的认识发生了变化，学生在实践能力等诸多方面都有所提高。社会实践活动课程因其自主性和实践性而赢得多数学生的喜欢，这也正是开展此次社会实践活动取得实质性成果的充分体现。

（二）文本成果和非文本成果

按照成果的呈现方式，社会实践活动成果可以分为文本成果和非文本成果。

1. 文本成果

文本成果包括学生撰写的调查报告、论文、心得体会、倡议书，以及用表格、图示、照片等方式形成的纸质作业。

案例：学生参加社会实践活动的心得体会

在参观中国钱币博物馆后，学生写道："本次关于货币的学习课程，其内容和形式都可谓丰富多彩，生动形象。它不仅有教师课堂讲授，还有同学们实地参观博物馆，通过自主学习和认知，查阅和整理资料，以小组形式汇报学习成果，极大地激发了我们的学习兴趣。在亲身感受下，在这种可见、可触碰的学习中，我们不断地思考，议论变讨论，认识变认知。"

在参加"走进居委会，了解社区生活"社会实践活动后，学生们对敬业、责任和奉献有了新的体会和认识。有的学生说："我对社区工作的印象是'上面千条线，下面一根针'，尽管事务繁杂，但工作人员做一事忠一事、做一行敬一行，这种态度值得我们学习。""居委会的阿姨甚至能够背下那些独居老人都住在哪一栋楼、哪个单元、哪一层，与每个独居老人都有'直线'联系，这让我明白了责任的真正含义是什么。""社区工作者的工作比我们想象的要复杂得多，他们的工资并不高，但是他们对工作很尽心，言语间透露出认真负责的态度，他们都有着一颗甘于奉献的心。"

以上两段内容分别来自学生参观中国钱币博物馆和"走进社区，了解居委会"社会实践活动后撰写的心得体会。可以看到，学生无论参与哪种活动，他们的思想都会发生这样或那样的变化，认识上都会有不同程度的收获。因此，撰写心得体会作为学生参加社会实践活动后形成的文本成果形式，可以充分表达学生在实践活动中形成的看法和认识。

2. 非文本成果

非文本成果包括学生社团、学生电视台、学科实践活动小组等学生活动团体的组建和发展，以及电子书、多媒体课件等实物活动成果。

案例：学生用电子书演绎参观钱币博物馆活动的成果——"货币的故事"

社会实践活动后，一些同学开始尝试着用电子书软件完成参观钱币博物馆的调查研究报告。电子书制作完成后，学生们把自己的作品在班级和年级进行展示交流。通过同学们展示的电子书作品，可以看到这种作业形式与以往的PPT、图片展、展板等传统的作业形式相比，让人耳目一新。除插入图片、背景音乐、视频等功能外，电子书的特殊之处在于，它可以将插入的视频通过点击大图观看，全屏感受；可以将图片组建一个画廊，将多个同一主题的图片集中到一起并为每一张图片配上相应的解释，图片同样可以放大；互动图片的功能更加实用，点击图片可以放大缩小，可以编写注释等等。

与以往的展板、课件等实物成果相比，学生自主制作的电子书，在容量、形式、功能和呈现方式等方面，能够更加全面、生动地表现出学生的实践活动成果，成为学生社会实践活动的一种新型成果呈现形式，为师生共同学习提供了一个新的载体。

总之，在社会实践活动实施中，要做到精心准备、认真筹备，针对不同地区、不同学段学生的特点，采用灵活多样的课程实施方式，以提高学生参与实践活动的积极性，保证社会实践活动开展的有效性。

思想政治课社会实践活动实施过程的
策略研究

社会实践活动实施过程就是将设计的活动方案付诸实践，实现预期目标的过程。在活动实施过程中，学生针对实际生活中存在的现象或问题展开研究与探索。这个过程不仅有利于提高学生的实践能力和探索精神，同时也能增强学生的社会责任感和使命感。下面关于社会实践活动实施的策略研究，分别从社会实践活动的组织筹备、过程实施等几方面进行分析和探讨，提出相应的方法和策略。

一、组织筹备的策略

组织筹备是社会实践活动实施的首要环节，包括活动前准备工作、安全保障工作、文明礼仪教育工作等。

（一）全方位做好实践活动的准备工作

社会实践活动实施的主体包括：教育主管部门、学校、教师、学生、社会相关部门的人员、学生家长等。在这些主体中，起主导、核心作用的是学校和学科指导教师。因此，学校和学科指导教师是活动准备阶段的主要承担者。

1. 学校的准备工作

（1）协助开发课程资源。协调多方面力量，联络相关部门，确立活动地点。

（2）安全保障及宣传工作。制定活动安全保障预案，做好活动宣传动员及安全教育工作。

（3）协调工作。德育处、教学处、团委等相关部门做好活动时间安排、课时调整、任课教师活动分配等协调工作，学校与活动基地等社会相关单位加强沟通，做好活动准备、组织管理等各项保障工作。

2. 教师的准备工作

（1）课程资源的准备。与校方合作开发课程资源，确定活动地点；与相关单位确定活动的时间、参观场地、接待人数、参观路线、参观内容、是否有讲解或视频简介等。

（2）文本材料的准备。包括活动申请、活动设计方案、家长通知、调查问卷、研究性学习的问题、学生活动手册（或口袋书）、活动要求、活动考核办法、作业形式和要求等。

（3）课程内容的准备。组织学生阅读或学习教材相关知识，了解活动与教材的结合点，学习掌握教材中相关内容的理论知识，提出在理论学习过程中发现的问题或疑惑等。

3. 学生的准备工作

（1）明确活动要求的准备。包括阅读活动手册，明确活动须知，收发家长通知及回执，填写活动前调查问卷，了解活动考核办法、作业形式和要求等。

（2）学习活动内容的准备。包括学习教材相关内容，了解活动与教材的结合点，学习掌握教材中相关内容的理论知识，准备相关研究或访谈问题等。

（3）做好小组分工的准备。如果是年级统一活动，在活动前可以将每班学生分成小组，每个小组由 5～6 人组成。分组时注意人员搭配，选 1 人为组长，其他学生根据自身特长进行分工，分别负责摄像、采访、记录、编辑、讲解等具体工作。

(二) 全面细致地做好安全保障工作

利用校外资源开展的社会实践活动，或多或少都会存在某种安全隐患。中学生还处于身心发展未成熟阶段，判断是非的能力、应对突发事件的能力、心理承受能力还不强。因此，学生外出的安全问题必然成为学校开展社会实践活动的最大障碍，这也是关系到能否搞好社会实践活动的第一要素。

社会实践活动涉及的各种安全问题，课程的组织和管理者必须高度重视和警惕。首先，要确保活动场所及道路交通的安全。活动设计者在确定活动地点时，凡是不符合学生安全要求的地点和场所，都不应列入活动范围内。对外出的场地和路线，教师应事先进行考察，以便发现和杜绝安全隐患。其次，要做好安全预案。学校德育处等相关部门，要从组织保障、行政保障、应急保障等方面做出活动的安全保障预案，并交上级部门审批。再次，要做好安全教育工作。年级组和班主任通过年级会、班会等方式对学生进行外出安全教育，组建活动小组，建立包括老师、学生和家长在内的活动安全联系网，下发家长通知和活动回执，强化安全意识，确保活动安全。

案例："感受红色力量，传承红旗渠精神"社会实践活动安全保障预案

行政保障：呈报旅游局质监部门，责成宾馆、餐厅进行卫生检查。活动地点的险要地段当天要派专人值班，做到万无一失。严格按"安全预案"要求执行，确保万无一失。

组织保障：每车安排一位工作人员负责组织学生，保障安全。

专业保障：地方派有经验的工作人员接待学生；凡有安全隐患的地段及时警告；活动地点、宾馆、餐厅工作人员到位配合。

措施保障：加强安全教育，规范行为。各司其职，责任到人。每个活动

地点、宾馆都要进行一次安全检查，对热水龙头、卫生间地砖、电源开关插座进行排查；各个餐厅都要进行一次卫生检查；安排好司机食宿，让司机保持良好的驾驶状态。

应急保障：活动地点准备应急车辆；公布就近医院电话号码；随团工作人员、老师 24 小时开机，确保通讯畅通。

案例分析：社会实践活动的安全工作涉及方方面面，活动的圆满进行需要各部门的管理者、组织者高度重视和大力支持。学校和学科指导教师要以高度的责任心精心设计和严密组织，始终把安全意识放在组织和管理社会实践活动工作的首位。

（三）做好全员文明礼仪教育工作

文明礼仪是一个人思想、道德、情操、修养的外在表现。2004 年中共中央国务院颁布《关于进一步加强和改进未成年人思想道德建设的若干意见》，明确指出要加强对青少年的思想道德教育和文明行为习惯的培养，促使广大未成年人的综合素质不断提高。当前，中学生的文明礼仪素养和自我管理的能力普遍提高，但在社会实践活动中仍会出现一些不文明现象，主要表现在如下几个方面。

1. 公共意识欠缺

在参与社会实践活动过程中，总有个别学生出现随地吐痰、乱扔杂物行为；随手乱动参观展台上的物品等现象也时常可见。

2. 纪律观念淡薄

个别同学自我约束能力、自我管理能力较差，在活动中出现迟到、聊天、嬉笑打闹等纪律涣散的现象，班干部很难在规定时间内集合好队伍，影响到实践活动的正常进行。

3. 自我意识较强

在活动中有的学生我行我素，不能听从集体统一指挥；有的学生在进行小组合作学习时，与他人难以相处，不能很好地进行合作；还有的学生社会责任感缺失，对参与活动态度冷漠、不积极，不关心社会问题，不愿意主动承担任务。

针对这些不良行为的表现，学校和教师必须高度重视，在日常行为规范教育中，加强对学生的行为习惯和文明礼仪养成教育。在社会实践活动前，可以通过班会或年级会对参观考察活动的注意事项提出具体要求，加强宣传教育和组织动员工作，也可以通过班级板报、学校宣传栏对文明礼仪规范进行宣传，从而进一步强化学生的主人翁意识和自我管理意识，把礼貌交往、合作精神、关心热爱集体落到实处。

二、活动实施中的策略

活动实施是指在前期组织筹备的基础上，学生根据教师制定的实践活动方案，主动地调研、参观、访谈和交流，教师发挥指导作用以保证社会实践活动的效果。

（一）用问题统领实践活动的始终

中国著名教育家陶行知先生说："创造始于问题，有了问题才会思考，有了思考才有解决问题的方法，才有找到独立思路的可能。"培养学生的问题意识，引领学生学会发现问题、分析问题和解决问题，是政治实践活动课的根本目的。

1. 问题的提出

教师可以在实践活动的准备阶段，创设一个能够充分激发学生发现问题的情境，如通过设计调查问卷、播放视频资料、讲述交流自己或他人的亲身经历等方式，帮助学生梳理"我想了解的问题是什么"，以调动学生参与活动的热情，激发学生对问题的进一步研究与探究。在开展实践活动前，教师也可以组织学生阅读或自学教材的相关内容，把预习过程中不清楚、不理解的知识，或感兴趣的问题提出来，通过小组讨论形成探究问题，明确自己在实践活动中"想探究的问题是什么"，增强学生的问题意识。

2. 问题的引领

学生带着问题参加实践活动，可以更好地帮助学生学会观察与思考，使探究更加深入。例如在组织学生参加"体验企业经理一小时工作"的社会实践活动中，同学们运用预习的经济理论知识，提出了有关企业用人制度、职工的收入水平、企业的奖惩制度、企业对员工管理等感兴趣的问题，并与企业负责人就"企业的经营与管理"等问题进行热烈的探讨和交流。短短的 1 小时参观交流活动，同学们意犹未尽，回到学校后仍然相互间探讨着相关的问题。

让问题引领活动，可以激发学生的活动兴趣，创设良好的活动氛围。带着问题参加活动的学生，能够在实践活动中产生主动质疑、积极探究的良好心态，遇到问题时敢问、善问、会问，在不断提出问题、分析问题和解决问题的过程中，其主体地位得到充分发挥。

3. 问题的反馈

在实践活动中，学生通过调查、参观和走访等方式，收集到大量鲜活的资料，再通过分析研究，得出对问题的认识和结论。在这个过程中，不同的学生通过学习都能有不同的收获，有的学生对书本上枯燥的理论知识增强了感性认识，使教材的知识变得生动和丰富起来；有的学生在参观考察中，对接触到的具体的社会生活实际提出了新的问题，生成新的探究课题，并把它带到课堂中，使课堂的学习得到有效拓展和延伸。在实践活动中，这些问题的解决和延伸，使学生在学习的过程中体会到学习的乐趣，实践能力和探索精神不断提高。

（二）师生共同参与社会实践活动

教师与学生是学习的共同体。社会实践活动实施的过程，就是师生共同学习、共同成长的过程。

在实践活动的初期，教师作为活动的组织者对学生起着统率、引领的作用。如教师根据学生学习的需要设计活动方案，确定活动的教育目标，组织学生填写活动前调查问卷，依据学生的实际情况向年级、学校或社会部门提交活动申请，与学生共同学习理论知识，研究和探讨实践活动调查问题等。

在实践活动过程中，教师作为活动的参与者，与学生共同完成学习任务。在这个过程中，学生成为学习的主体，在问题的引领下，积极地参与到实践活动的中去，通过参观、交流、访谈等各种活动方式，不断寻找问题的答案和解决的方法，从中体会实践活动的魅力，获得参与到学习过程中的乐趣。在这个过程中，学生与教师之间、学生之间、学生与受访者之间形成不同形式的互动，不断形成新认识，产生新问题，需要教师不断地提供各方面的帮助。

在实践活动的后期，教师作为活动的评价者，通过对实践活动的总结与交流，与学生共同反思，共享成果。学生在这个过程中，把自己在活动中的收获通过课件、视频、图片、展板等多种方式进行展示，在师生的共同评价中，体会学习的快乐和成就感。教师在这个过程中，感受着不同学生通过学习取得的不同收获，与学生共享收获的成果和快乐。同时，教师也对实践活动的全过程进行认真的检查和反思，总结经验，查找问题，为以后实践活动的进一步开展积累宝贵经验。

（三）把实践活动与课堂教学相结合

教师要把实践活动与课堂教学相结合，引导学生通过对问题的分析，透过现象，分析本质，进而提高学生的学科能力。

实践活动前，教师通过组织学生学习或学生自学教材的相关内容，学习实践过程中可能会遇到的不清楚、不理解的知识，把感兴趣或有疑问的问题提出来，让学生带着对书本的质疑或问题走进社会大课堂。

实践活动中，学生以问题为引领，通过观察、交流或讨论，不断解决课堂上的疑难问题，并在实践中发现和提出新的、具体的问题，让寻找答案、解决问题和发现新问题贯穿实践活动的始终，使社会实践活动真正成为学生们充分获取知识的生动的第二课堂。

实践活动后，学生们对问题的认识是生动的、多维的，回答认识的态度是积极的、主动的，呈现的答案是开放的、不拘泥于教材的、丰富多彩的。教师可以把实践活动的成果引入课堂教学中，引导学生把自己在实践活动中的所见、所想充分地表达出来。把社会实践活动与课堂教学相结合，使之成为理论与实践相结合，不断提升课堂教学实效性的有效途径。

案例：思想政治《经济生活》第五课《公司的经营与发展》教学片段

教师：前不久，我们组织大家参观考察了梦狐科技有限公司。这是一家由个人投资的私营企业。在我们眼前，没有高大的厂房，没有时尚的装饰，这么一个不起眼的企业，在当今激烈的市场竞争中，能生存下去吗？带着这样的疑问，我们对这家企业进行深入调查和了解。

请同学们观看企业视频，结合社会实践活动的所见所闻，思考问题：你认为梦狐企业是否会有广阔的发展前景？为什么？

学生甲：梦狐研发的是绿色环保产品，可以保护环境，所以前景广阔。

学生乙：梦狐企业拥有自己研发的科学技术，在同类企业中处于领先地位。

学生丙：这家企业发展的是循环经济，节约了能源，保护了环境。

……

教师归纳：同学们分析得非常全面，我们参观的梦狐企业虽然是一家私营企业，没有雄厚的资金，没有丰富的经验……，但是正如同学们所说，梦狐企业致力于高新技术的研发，重视市场需求、科学管理，这些都是促进企业发展不可或缺的重要因素。

在政治课的教学中，把课外实践活动与课堂教学结合，能够更有效地利用社会资源，让资源最大化地为教学内容服务，有利于学生理解书本知识与现实社会的关系，从中感受学科教学的价值所在，进而提高对政治课的学习积极性。

总之，在社会实践活动实施中，要做到精心准备、认真筹备，针对不同地区、不同学段学生的特点，采用灵活多样的课程实施方式和评价方式，以提高学生参与实践活动的积极性，保证社会实践活动开展的有效性。

走进你生活的社区，了解居委会

——思想政治课社会实践活动模式的探索

"你们知道自己居住的小区属于哪个居委会吗？你知道你所在的社区为小区居民做过哪些事吗？"在高一年级学习《政治生活》中"民主管理——共建幸福生活"一课时，教师的这些问题得到的是学生一脸的茫然。一些学生认为"政治生活"对他们来说陌生而遥远，他们不清楚政治生活与自己有什么关系，甚至在想：难道我一定要参与政治生活吗？

为了解决学生的困惑，为了让学生能够认识到政治生活其实就在他们身边，我们组织学生走进自己生活的社区，去亲身感受、体验身边的政治生活——"民主管理"。

一、活动设计的依据

（一）思想政治课课程发展的要求

《普通高中思想政治课程标准》在课程性质的阐述中要求：引导学生紧密结合与自己息息相关的经济、政治、文化生活，经历探究学习和社会实践的过程，领悟辩证唯物主义和历史唯物主义的基本观点和方法，切实提高参与现代社会生活的能力，初步形成正确的世界观、人生观、价值观，为终身发展奠定思想政治素质基础。

思想政治课"要引领学生在认识社会、适应社会、融入社会的实践活动中，感受经济、政治、文化各个领域应用知识的价值和理性思考的意义"。我们认为，社会实践活动是连接思想政治课与现实生活的重要桥梁之一，"走进生活的社区，了解居委会"的实践活动可以让学生亲身感受到《政治生活》的理论与现实的紧密关系，在活动中发挥课程的育人功能。

（二）满足学生发展需要的要求

随着时代的发展，新型人才观要求教育应该致力于培养具有良好品德和社会责任感，具有创新精神和实践能力的人才。

而现实生活中，高一年级的学生年龄较小，接触社会较少，对社会的认知不全面，因此需要学校和教师设计多样的实践活动，让他们最大限度地去接触社会，了解社会。"走进生活的社区，了解居委会"的社会实践活动通过引领学生体验和参与身边的政治生活，提高了学生的政治素养和参与政治生活的能力。

（三）思想政治课教学发展的要求

如果说课程标准告诉教师用什么培养人，那么"怎么培养人"就要依靠教师的教学设计及教学活动了。目前，对学习和学习者的聚焦和研究，已成为全球教育变革的强劲潮流。因此，政治课的教学不仅要关注课堂上学生的学习，还要关注实践活动中学生的学习。

实践活动生动、鲜活而且真实，因而能够很好地调动学生的学习兴趣，让学习效果事半功倍。"走进生活的社区，了解居委会"的实践活动，能够把"居委会"的具体工作与"民主管理"的教学内容有机结合起来，学生通过零距离地面对社区工作人员，获取教材和课堂无法给予他们的内容，从而会大大提高政治课教学的有效性。

二、活动实施的流程

（一）确定调查主题

教材的重点、难点内容很多，教师不可能将每个理论观点都与社会实践活动相结合，需要根据教学内容设计有针对性、典型性和实效性的实践活动。选择"公民的政治生活"中"民主管理"的教学内容，设计"走进生活的社区，了解居委会"的调查课题，是因为这个主题与学生生活更为贴近，学生对身边的居委会既熟悉又陌生，有着诸多的疑问和要求解答问题的需求，这一调查主题的确定能够充分调动学生参与活动的兴趣。

（二）做好组织筹备

1. 教师的工作

（1）设计方案。教师拟定实践活动的设计方案，方案从活动主题、目的、时间、地点、参与人员、活动形式、作业形式和评价方式等方面加以阐述，并上报校方批准，保证活动的计划性。

（2）资料准备。教师拟定并下发给家长的通知书、给社区的介绍信、给学生的实践活动要求等资料，保证活动的安全性。

（3）知识储备。课堂上师生共同学习实践活动涉及的教学内容，使学生在活动中可以根据已有的理论基础，有针对性地做好调查，保证活动的学科理论指导。

（4）问题设计。拟定好调查问题，是整个社会调查过程最关键的一个环节。为了避免社会实践活动走马观花，教师组织学生以小组的方式讨论、设计实践活动中的调查问题，以及如何面对可能突发的问题，保证活动的顺利进行。

2. 学校的工作

学校审批活动方案后，年级组、教学处和德育处等部门协调确定活动时间、组织动员、安全保卫等各项具体工作，保证活动的安全性。

3. 学生的准备

学生活动前是否做好充足准备，是影响调查活动效果的重要因素，因而教师需要引导学生做好活动前的准备。一名同学是这样总结活动前的准备工作的：

在正式前往社区调查前，我们以小组的形式进行了商议：

第一，确定自己的采访目的和采访方向。也就是对于居委会，我们不了解什么，想了解什么，精选几个具有代表性、有价值的问题。

第二，要求自己掌握一些与人交往、与人沟通的技巧。我们小组商量的一个核心问题是怎样介绍自己能够让对方愿意接受我们的采访；要不断提醒自己面带微笑，让对方感觉到我在认真倾听；引导采访对象想起某件很典型的事例，需要哪些技巧。

第三，心理准备也是必要的。毕竟是与一些不熟悉的人交流，刚开始未免会显得尴尬，特别是有些同学内心比较忐忑、慌张，看起来就很紧张。首先要克服自己心理上的障碍，其次要做好遭到拒绝、冷遇的准备。

第四，细节的准备。带好笔记本做好记录，穿好校服表明身份，仪态大方以示尊重。我们做这些准备为的都是得到更多的有效信息，但是从准备的过程中我们已经从那些能想到一些很细微却很重要的问题的同学身上、从我们自己的思考摸索中学会了很多，获得了很多。

（三）把活动引进课堂

社会实践活动是政治课的实践环节，可以说是政治课的第二课堂，在第一课堂教学的基础上，努力开辟第二课堂，是对理论内容进行检验的有效途径；通过开展实践活动，把社会实践活动的成果、加工处理后的学生反馈信息引进课堂，不仅能够对第一课堂教学内容起到拓展和延伸的作用，而且能够提高学生对理论和现实问题认识的深度和广度，进而提高学生的学科分析能力，增强学生的责任担当意识。课堂上学生兴致勃勃地争相发言，情绪饱满地介绍社区居委会的所见所闻，阐述自己的认识与感想，其内容的丰富性和深刻性已经远远超出了教材所涉及的范围。

三、活动的多元评价

本次实践活动采取了不同主体、不同方式的评价。

（一）问卷调查

我们通过问卷的方式，从活动的意义、三维目标的实现、活动的遗憾等方面对全体学生做了调查，从中分析学生对此次活动的评价，调查结果显示学生对此次活动给予了充分的肯定：

95.3%的学生认为本次活动有意义；91.7%的学生表示此次活动对社区居委会有了更加具体、全面的认识和了解；93.7%的学生认为活动有助于提高与人沟通、交往、合作的能力；85.3%的学生认为开展实践活动有助于提高对本学科学习的兴趣；70.0%的学生认为此次实践活动对自己及家庭今后的日常生活有一定帮助；55%的学生选择了对没有了解清楚的问题有再去调查的愿望；12.3%的学生选择了工作人员不配合；12.7%的学生选择了不知道问什么；11.3%的学生选择了自己沟通能力差；25.7%的学生选择了时间短，还有没有了解到的问题；38%的学生选择了没有遗憾。

（二）撰写感想

本次实践活动后，我们要求学生撰写活动的感想与建议，从中分析学生在此次活动中的收获。

1. 激发了参与社会实践活动的热情

"希望多组织、开展类似的活动，让我们了解社会。充分提供各种社会资源，让实践活动更加丰富多样。"

"开展政治学科社会实践活动丰富了我们平常学习的课本知识，教材内容也更容易被理解了，希望以后可以开展更多更丰富的活动。"

"政治学科的社会实践活动具有巨大的实际价值，然而如何再挖掘它的价值已经不仅仅是老师们在设计时所要关注的，它也更是我们每一个人为了自己的发展应该去思考的。"

......

2. 对居委会的工作有了全新的认识

"社区，就是一个让居住于此的每个公民感受到温暖的地方，可以让他们感受到家的温暖、亲人的爱，即使没有血缘关系，但还有他们，可以让我们依赖……"

"居委会的任务就是为了给居民们提供方便，看到居民们平安无事、幸福快乐地生活着，大概是他们最大的愿望。我因此而动容，居委会工作人员的收入绝对算少的，但是他们仍然尽职尽责，这真是一种奉献精神。"

"背多少居委会的性质和意义的知识，都不如真真切切地进入居委会去了解它，你会发现它不再是课本上说的枯燥和抽象的基层群众自治组织，而是时代的微光，每当'黑暗'来临，他们便会扑棱扑棱地飞到你身边，带着自己特有的小小光芒，在这个无边的世界里，为你照亮，哪怕只有 1 平方厘米。"

......

3. 领悟了学习政治课的方法

"实践，与理论相对应，就是要以我们的所学为基础。如果不能首先让自己的知识储备丰富起来，在实践中就会出现很大的问题。我们现在已知的还很有限，就让我们在已知的基础上去探索未知。实践并非走形式，我们在课堂上学过的、在书本上看到的，要在实践过程中有所体现，才能通过活动真正地领悟、体验，最终达到融会贯通、自主探索。"

（三）信息反馈

社区居委会的工作人员积极配合学校的实践活动，在反馈表中对学生的表现给予了很高的评价：

"学生很关心社区情况，也很关心社区的发展，体现了小主人翁精神。"

"认真负责，能够大胆提问，对居委会工作有了新的认识。"

"希望和欢迎同学们到社区来，参加和组织活动，共同为社区建设出谋划策，贡献力量。"

……

（四）活动反思

实践活动结束后，任课教师通过阅读、评价学生的感想与建议，从中反思此次活动的收获与不足。

活动取得良好效果的根本原因在于选题突出了以学生为本，选择了学生生活的社区作为调查对象，选择了贴近学生的"公民参与政治生活的途径——居委会"作为调查内容，调动了绝大多数学生参与实践活动的热情和兴趣；活动前的充分准备，为有效地实现活动的三维目标打好了基础；多元的评价方式，让活动成果更加丰厚。

但此次活动中，我们也发现了一些不足和不完善之处，有待今后进一步改进：个别学生没有按照要求回到自己所在社区居委会做调查，对调查结果缺乏认同感；学校附近的社区居委会出现了部分学生结伴调查的情况（超过5人以上），学生不能与居委会工作人员进行更深入的交流；个别社区居委会的工作人员不配合等情况。

"没有最好，只有更好。"我们相信在社会、学校、教师、家长和学生的共同努力下，思想政治课的社会实践活动一定能够为学生的全面发展尽绵薄之力！

第四篇
以情感为魂，浸润育人情怀

"培养什么人，怎样培养人，为谁培养人。"思想政治课在帮助学生形成正确的世界观、人生观和价值观，扣好人生第一粒扣子上，发挥着至关重要的作用。在教学中，情感教育既是育人目标，又是育人手段。在思想政治课堂教学和社会实践活动中，通过"以情优教"，提高教学方法，提高教学效果，形成并逐步提升学生对自然、社会和自我的内在联系的整体认识，增强其个人修养、社会关爱、家国情怀等核心素养，落实立德树人的根本任务。

思想政治课培育"家国情怀"活动型课程的实践研究

　　2019 年 3 月 18 日，习近平总书记在思想政治课教师座谈会上指出，青少年阶段是人生的"拔节孕穗期"，最需要精心引导和栽培。思想政治课在帮助学生形成正确的世界观、人生观和价值观，扣好人生第一粒扣子上，发挥着至关重要的作用，是培养社会主义建设者和接班人的重要保障。作为思想政治课教师，必须承担起培养德智体美全面发展的社会主义建设者和接班人的重任，要用最先进的理念来引导中学生形成正确的价值观，拥有厚重的家国情怀，实现立德树人的根本目标。

　　我国教育家陶行知曾说过，"生活即教育""社会即学校""教学做合一"。教育应让学生广泛地接触生活、参与实践、了解社会。思想政治课是培养学生核心素养的基础性课程，丰富多彩的思想政治课社会实践活动课程不仅是实现理论与实践相结合的创新教育模式，更是培养青少年积极参与国家建设，增强家国情怀意识，提升政治认同、法治意识、公共参与等核心素养的重要途径。结合新时代要求，北京市陈经纶中学帝景分校政治教研组以思想政治课社会实践活动为载体，以爱国主义教育为核心，以提升学生家国情怀等综合素养为出发点和落脚点，构建了思想政治课培育"家国情怀"活动型课程体系。

一、课程缘起

（一）国家课程改革发展的需要

党的十九大明确提出"要全面贯彻党的教育方针，落实立德树人根本任务，发展素质教育，推进教育公平，培养德智体美全面发展的社会主义建设者和接班人"。2014 年教育部发布的《关于全面深化课程改革，落实立德树人根本任务的意见》提出，要深入回答"培养什么人、怎样培养人"的问题，根据各学段学生的特点，提出促进学生发展核心素养体系，培养个人修养、社会关爱、家国情怀等核心素养，从而落实立德树人的根本任务。因此，在思想政治课教学中有效加强"家国情怀"核心素养教育，是全面深化课堂改革，落实立德树人根本任务的需要，是培养新时代合格公民，树立公民意识、政治认同、爱国主义教育的需要。

（二）促进学生终身发展的需要

家国情怀的培育是实现立德树人根本任务的重要方式。社会主义核心价值观的提出以及中国学生发展核心素养框架的发布，为我们落实立德树人根本任务提供了有力抓手。社会主义核心价值观从国家、社会、公民 3 个维度提出的行为标准和价值取向，充分体现了家国情怀的价值内核。核心素养从文化基础、自主发展和社会参与 3 个维度，指出了适应个人终身发展和社会发展需要的人才必备品格和关键能力，这 3 个维度也深刻蕴含着家国情怀的价值追求。因此，家国情怀的培育是学生核心价值观培育和核心素养发展的基础，是人生成长中不可缺失的精神力量。

（三）思想政治课活动型课程发展的需要

陈经纶中学帝景分校政治教研组从 2007 年建校开始一直积极探索思想

政治学科活动型课程建设，并取得了一定成效。但由于师资、经验、资源等方面因素的影响和制约，以往开展的课程还存在以下一些问题。

1. 从课程的整体设计和规划上

对培养学生家国情怀等核心素养和综合实践能力的设计比较零散，不够明确，实践主题和教育内容随机性比较大，没有形成固定的、系列的课程德育教育目标，对课程的整体规划和设计不够深入、全面。

2. 从课程资源的开发和利用上

学生实践活动的内容与形式单一，以往的学科活动只局限于学校组织的游学活动，学生集体参观一些旅游景点或知名的企业，课程满足不了学生对了解社会、学习历史、责任担当等方面的学习需求。

3. 从课程学习的形式和效果上

以往学生在参与活动中，更多的是"听"和"看"，或者按照教师布置的问题对被访者进行提问，学生处于被动参与的状态，学习能力、个人素养等方面的提升不明显，实践活动的育人功能和价值被淡化。

通过对以上问题的反思，帝景分校政治教研组结合新时代思想政治课的新要求，进一步完善了思想政治课社会实践活动课程体系，把"家国情怀"教育作为思想政治课教学活动的育人主线，多元开发课程活动的方式，学思践悟、知行合一，旨在逐步增强学生的爱国意识，提高认识社会、分析问题的能力。

二、课程开发

（一）课程开发的原则

1. 坚持"家国情怀"活动型课程与国家课程标准相一致的原则

《普通高中思想政治课程标准（2017 年版）》提出：学科核心素养是学科育人价值的集中体现，是学生通过学科学习而逐步形成的正确价值观念、必备品格和关键能力。思想政治学科核心素养，主要包括政治认同、科学精神、法治意识和公共参与。培养高中生的政治认同，就是要引导学生，认可和接受马克思主义的基本理论，认可和接受当代中国的道路选择、理论发展和制度安排，认可和接受我国政治生活的实现机制和现实价值，认可社会主义核心价值观，使学生树立强烈的爱国情怀、国家意识和公民意识，增强民族自信心和自豪感。

思想政治课程是综合性、活动型学科课程。依据《课程标准》，以"家国情怀"为教育底蕴的思想政治活动型课程，强调理论与生活实际相结合，注重学生的情感体验和道德实践。在教学中，开发和利用学生已有的生活经验，选取学生关注的话题，不断创造条件，促进学生的道德践行，丰富学生的情感体验，感悟和理解社会的思想道德价值要求，逐步形成正确的道德观和良好行为习惯，提高社会适应能力。

2. 坚持"家国情怀"活动型课程与学校"EOC 精致课程"相统一

陈经纶中学帝景分校在"全人教育""实施精致教育奠基幸福人生"的办学理念下，打破"碎片化"现象，从顶层设计开始，自上而下地建立学校育人目标、教育观念、课程规划，以整体建构的方式思考育人方式。学校牢牢把握时代脉搏与社会需求，坚守"家国情怀"这一教育底蕴，结合多年积累的"EOC 精致课程"的教育实践，构建了以"家国情怀"为底蕴的系统育人模式。

陈经纶中学帝景分校"EOC 精致课程"强调教育教学与社会实践相结合，坚持"立德树人"的育人目标，培养和践行社会主义核心价值观。重点打造学科育人、活动育德的综合社会实践活动课程体系，坚持"体验""开放""综合"的原则，形成陈经纶中学帝景分校"京之韵""国之魂""国之强"综合社会实践活动课程整体框架。思想政治学科"家国情怀"活动型课程，正是在"EOC 精致课程"的引领下应运而生，通过"让学生在课程学习中进行体验；在主题活动中受到教育；在社会实践中开阔视野，陶冶情操，磨炼意志，提升学习能力和综合素养"。

（二）课程开发的目标和框架

1. 课程目标

陈经纶帝景分校思想政治课"家国情怀"活动型课程总目标：以立德树人为根本任务，以爱国主义教育为核心，以传承中华传统文化为主旨，以学生学科核心素养的养成和综合能力的提高为出发点和立足点，深化思想政治课堂教学改革，通过"红色之旅""美丽家乡行""爱我中华"等多样化学科实践活动，创设学习情景，营造家国氛围，探索以培育"家国情怀"核心素养为目标的课程实施有效途径，全面落实"全人教育，全面发展"的育人理念。

2. 课程框架

依据《义务教育思想品德课程标准（2011年版）》和"家国情怀"活动型课程的总体目标，在陈经纶中学帝景分校综合社会实践活动课程"京之韵""国之魂""国之强"整体框架下，把思想政治课活动型课程具体划分为3种类型：即与"美丽家乡行"相结合的"弘扬中华传统文化"主题教育实践活动，与"红色之旅"相结合的"传承革命精神"主题教育实践活动，以及与"认识国情爱我中华"相结合的"责任担当"主题教育实践活动，形成了陈经纶中学帝景分校思想政治课培育"家国情怀"活动型课程体系。

陈经纶中学帝景分校思想政治课培育"家国情怀"活动型课程框架

	课程类型	具体形式	参与范围	思想品德课程标准	课程目标
京之韵	"弘扬传统文化"主题教育实践活动	以参观故宫、首都博物馆、北大红楼、大运河等为主要形式的"美丽家乡行"实践活动	全体学生或社团小组成员	1.6 感受个人情感与民族文化和国家命运之间的联系，提高文化认同感 2.6 懂得文化的多样性和丰富性，以平等的态度与其他民族和国家的人民友好交往，尊重不同的文化与习俗	让学生了解北京的历史和优秀传统文化，感受中华文化的源远流长、博大精深，增强文化认同感和民族自豪感 培养学生对中华民族精神和优秀文化的认同，增强文化自信，同时引导学生树立积极进取的人生态度，促进学生人格健康发展

续表

课程类型		具体形式	参与范围	思想品德课程标准	课程目标
国之魂	"传承革命精神"主题教育实践活动	以参观延安、西柏坡等研学旅行为主要形式的实践活动	全体学生	4.6 了解中华民族的传统美德，以自己的实际行动弘扬和培育民族精神，促进社会主义精神文明建设，维护国家稳定和民族团结 1.4 客观分析挫折和逆境，寻找有效的应对方法，养成勇于克服困难和开拓进取的优良品质 1.5 主动锻炼个性心理品质，磨砺意志，陶冶情操，形成良好的学习习惯、劳动习惯和生活态度	了解革命历史，感悟革命精神，学习革命传统，理解爱国主义的内涵 在自身的生活情境和社会生活中发现问题，提出问题和自主解决问题，通过多样化的实践学习方式和体验方式，获取直接经验，提高实践能力 增强爱国意识，弘扬艰苦奋斗、锐意进取的革命精神，传承红色基因，增强社会责任感，培育和践行社会主义核心价值观
	"爱国主义"主题教育实践活动	以参加"天安门广场升旗仪式"为主要形式的"爱国教育"实践活动	全体学生	4.7 坚持中国共产党的领导；坚持以爱国主义为核心的民族精神和以改革创新为核心的时代精神；自觉践行社会主义核心价值观	用仪式教育、主题性教育提升学生的人文素养，培养学生的家国情怀 引导学生树立正确的理想、信念，增强爱国意识，激发学生热爱学习、奉献社会的社会责任感，为托起中国梦想做好充分准备
国之强	"责任担当"主题教育实践活动	以参观"砥砺奋进的五年成就展""改革开放40年成就展""中国科技馆"等为主要形式的"认识国情爱我中华"实践活动	全体学生或社团小组成员	2.4 养成自信自立的生活态度，树立为人民、为社会服务的远大志向，体会自强不息的意义 4.8 了解我国各族人民的共同理想，体会理想的实现必须经过艰苦奋斗，立志将来报效祖国、奉献社会努力学习	了解我国的基本国情、基本路线、基本国策 感受改革开放以来我国取得的巨大成就，了解社会发展，关注社会问题，增强公民意识，培育责任担当 弘扬和培育民族精神，坚定坚持中国共产党领导的信念，认清当代青年的社会责任，树立远大理想，立志报效祖国，增强为实现中华民族伟大复兴贡献力量的使命感

三、课程实施

课程的实施过程就是将活动规划、方案落实到具体的活动中，通过师生共同参与、充分利用各种活动资源，开展实践活动，最终实现教育目标的过程。下面从活动前期准备、中期实施、后期总结等几方面对帝景分校思想政治课培育"家国情怀"活动型课程的具体实施策略进行介绍。

（一）活动前期筹备

学校的准备工作包括：协助开发课程资源、活动的宣传动员、活动安全保障等。教师的准备工作包括：课程资源的开发、研学手册的编写、课程的准备等。学生的准备工作包括：了解活动与教材的结合点，学习教材相关内容，准备相关研究或访谈问题，做好小组分工等。

1. 课程资源开发

课程资源的开发是课程准备环节的关键。为了更好地满足学生的学习需要，在确定课程实施的具体内容之前，学校通过问卷调查、开座谈会等多种方式展开调查，了解学生的学习兴趣点，从学生学习需要出发，确定参观、考察的具体地点，使活动最大限度地满足学生的学习需求，充分发挥学生的主动性和创造性，保证实践活动顺利、有效地开展。

2. 确定与教材相结合的课程目标

在思想政治课开展活动型课程的过程中，教师注重处理好实践活动与课堂教学的关系，充分挖掘实践活动与教材相关内容的结合点，明确活动课程育人目标，使实践活动成为课堂教学内容的拓展和补充，使抽象的教材理论生动化、具体化，为提高学生的创造力和想象力，提升"家国情怀"情感创造环境和条件。

类型一：京之韵——"弘扬传统文化"主题教育实践活动课程目标

课程主题	参与范围	教材知识点		课程目标
知北京，爱家乡 ——走进故宫	全体学生	八上	尊重文化多样性	通过参观故宫中国古代宫廷建筑群，体会传统建筑是传统文化的主要形式之一，是凝固的艺术 感受故宫浓厚的文化气息，感悟中华悠久的文化历史和文化价值
		九下	中华传统文化博大精深、源远流长	增强文化认同感和民族自豪感，增强文化自信，增强传承和弘扬中华优秀传统文化的责任感和使命感
知北京，爱家乡 ——走进首都博物馆	全体学生	八上	文化的独特性和地域性，一方水土、一方文化	了解北京的社会发展过程，感受北京悠久的文化历史和文化价值
		九下	文化认同 做文化交流传播使者	增强热爱家乡的情感，增强建设家乡的责任感和使命感
知北京，爱家乡 ——走北京中轴线	社团小组	七上	意志品质	了解古都中轴线及其建筑作为民族文化遗产，蕴含着深厚的民族传统及历史文化
		八上	责任 文化的传承与保护	千年古都的城市发展史一脉相承，构成了中华民族几千年来特殊的文化成果
		九下	爱国主义为核心的中华民族精神	加强对文化遗产的继承和保护
知北京，爱家乡 ——探究大运河文化	社团小组	八上	优秀传统文化 文化的独特性和地域性 加强文化传承和创新	引导学生理解大运河是祖先留给我们的宝贵遗产，是流动的文化，要统筹保护好、传承好、利用好 运河文化传承和弘扬的使命担当

类型二：国之魂——"传承革命精神"主题教育实践活动课程目标

活动时间	课程主题	教材知识点	课程目标
七上	不忘历史，继往开来——参观抗日战争纪念馆	七上：意志品质 七下：自立自信自强 九下：以爱国主义为核心的中华民族精神	了解并见证中国抗日战争的艰辛历程；感受中华儿女的爱国精神和不屈不挠的奉献精神
七下	中原寻根文化，传承革命精神	七下：艰苦奋斗 七下：自立自信自强 九下：以爱国主义为核心的中华民族精神	参观游览红旗渠展览馆和青年洞。感受"自力更生、艰苦创业、团结协作、无私奉献"的红旗渠精神
八上	观国旗升起 展爱国情怀——参观天安门广场升旗仪式	八上：文明礼仪 八下：做遵守法律的合格公民 九下：爱国主义	在嘹亮的国歌声中，在庄严肃穆的国旗下，引导学生树立正确的理想、信念，增强爱国意识，激发学生热爱学习、奉献社会的社会责任感 通过仪式教育、主题教育等方式培养和弘扬以爱国主义为核心的民族精神，培育和践行社会主义核心价值观，引导学生树立正确的理想、信念
	学习延安精神，传承红色基因	七下：自力更生、艰苦奋斗 七下：困难挫折 九下：中华民族精神	学习自力更生、艰苦奋斗、全心全意为人民服务的"延安精神" 向英雄学习，不忘历史，珍惜今天的幸福生活
九上	寻先烈足迹，圆青春梦想——参观北大红楼	七上：青春美好；生命的真正价值在于对社会的贡献 八上：责任；亲社会行为 九下：以爱国主义为核心的中华民族精神	了解北大"红楼"名称的来历和"五四"运动中的重要作用 理解"爱国、进步、民主、科学"的五四精神，体会革命先烈在探寻救国之道的坚定信念和不懈追求 激发学生报国之志，勇于承担社会责任，把个人理想与国家的命运紧密结合，不断开拓进取、奋发前进

类型三：国之强——"责任担当"主题教育实践活动课程目标

课程主题	活动范围	教材知识点	课程目标
感悟历史 憧憬未来——参观北京城市规划馆	社团小组	七上：意志品质 七下：自立自强 八上：在社会中成长	了解北京悠久的历史、首都城市规划建设的伟大成就及城市发展的灿烂明天 深刻感受到北京城的历史变迁，激发热爱北京、参与北京城市建设的热情和责任感
参观"砥砺奋进的五年成就展"或"改革开放40年成就展"等专题展览	全体学生	七下：自力更生艰苦奋斗 七下：自立自强 九下：我国的基本国策和发展战略；爱国的社会主义核心价值观	了解我国在经济、政治、文化、教育、科技、生态文明建设等方面取得的成就 理解坚持中国共产党的领导，坚持中国特色社会主义道路的必要性，坚定理想信念 提升自信心和民族自豪感，增强爱国热情和勇于承担历史使命的责任感
国之重器——参观中国科技馆	全体学生	九下：我国的基本国策和发展战略；爱国的社会主义核心价值观	感受现代科技日新月异，飞速发展激发同学们对科学的浓厚兴趣 感受科技创新对人们生活、国家和民族发展的重要作用，增强创新精神，勇于实践

3. 编写以探究问题为主要内容的活动手册

依据活动主题、课程目标和教材对应知识点，在"体验、开放、综合"的原则基础上，通过问题探究的形式设计活动手册，便于学生有目的地进行深入学习，引发更多的思考。力争通过活动手册，引领学生观察、思考和感悟，让教育、让学习回归生活，实现思想、精神、行动上的共同远行。

4. 专题培训讲座

"参观天安门广场升旗仪式"活动前，由学校政治课教师对全体学生进行《中华人民共和国国旗法》普法教育，对国旗的含义、标志、意义，如何尊重和保护国旗，观礼时的礼仪要求等进行重点讲解；德育处主任就观旗礼仪、纪律观念和理想教育等方面做详细解读；年级组长提出年级行为规范要求，教育学生要把爱国意识落实到自己的实际行动中。

思想政治课培育"家国情怀"活动型课程研学手册

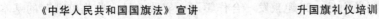

《中华人民共和国国旗法》宣讲　　　　　　升国旗礼仪培训

在参观北大"红楼"活动前，学校开展以"开启青春之旅的红色密码"为主题的专题讲座，特邀中央财经大学马克思主义中国化专业博士，高级经济师，共青团中央"青年之声"活动主持人陈宸担任主讲教师。陈老师向同学们介绍了中国共产主义青年团的光辉历史和光荣使命。为了引起青年学生对马克思主义知识和共青团历史的兴趣，陈老师从自己的亲身经历出发，通过一个个生动有趣的故事，让同学们深深地体会到今天幸福生活的来之不易。陈老师满怀深情地说："马克思主义理论教会我们如何看待生活中出现的各种问题和困难，我们越深入学习，就越能体会到马克思主义的神奇魅力。"

为让学生更好地了解和学习北京传统文化，学校邀请首都博物馆研学导师曾强老师走进校园，为初一全体师生做"运河文化，从过去流向未来"专题讲座。曾老师的讲座由"大运河概述""运河两千多年的历史变迁""运河与名城""运河的世界文化遗产"4部分组成，综合了历史、地理、政治等多学科知识，多角度地向学生呈现和讲解了京杭运河的历史与发展，引导学生认识到运河文化是北京沧桑巨变的历史见证和宝贵的文化记忆，在北京城市发展中发挥着重要作用。

《中国共青团发展史》专题讲座　　　　　　《运河文化》专题讲座

(二) 活动过程实施

形成"问题引领－兴趣激发－合作学习－实践主导－收集整理"的基本

实施策略。

以小组为单位，确定研学主题。各小组结合参观的相关内容，上网查找相关知识，确定自己的研究专题，或由教师为学生提供部分参考议题。深入实践地点，开展研究学习。结合每组一册的活动手册和本组研究课题，在活动过程中进行自主学习。在学习过程中，完成学习单任务，收集与本组课题相关的信息。

在参观"砥砺奋进的五年"大型成就展过程中，同学们在讲解员的引领下进行了参观学习，在学习过程中也会好奇地提出很多问题。展厅中一幅幅珍贵的照片、一件件生动的实物、一个个感人的故事、一次次祖国振兴的伟大事件让大家感慨，同学们的求知欲好像一下子被激发了出来，有的学生在展厅前仔细看了好久，有的学生在互动式展位动手操作。在了解了各种科技的发展后，很多学生都感叹科技的发达和祖国的强大！

参观展览馆

在参观天安门广场升旗仪式活动中，同学们有序地登上天安门城楼东侧的观礼台，天安门国旗护卫队的战士踏着整齐有力的步伐，护送五星红旗，走出天安门城楼的中心拱形城门，踏上金水桥，穿过长安街，迈向天安门广场。全场肃穆，鲜艳的五星红旗在晨曦中迎风招展，冉冉升起。同学们稚嫩的面孔上显现庄重的神情，他们坚毅的目光展示了少年的自豪和自信。

参观天安门广场升旗仪式

在参观"中原寻根文化，传承革命精神"的活动中，同学们凝视着红旗渠这条悬挂在巍巍太行悬崖峭壁上的"人工天河"，为当年红旗渠人"自力更生、艰苦创业、团结协作、无私奉献"的开拓精神所深深感动。同学们在参观过程中感慨道："勤劳勇敢的林县人民用 10 年的时间击开太行天险，在这片古老的土地上创造出奇迹，怎能不让我们感动！相比之下，在条件如此优越的今天，我们还有什么困难不能克服呢？艰苦奋斗的红旗渠精神将成为我们刻苦学习的巨大动力，我们要学习和传承红旗渠精神，在学习和生活中刻苦努力、自强不息。"

参观红旗渠研学活动

（三）活动后期成果

活动后期形式为完善研学手册，创作抒发"家国情怀"的文学作品以及传承中华传统文化的原创剧等多样化学生学习成果。

"诵经典名篇，抒家国情怀"诗歌诵读活动，同学们以诵读《我的祖国》《读中国》《大漠敦煌》，演唱歌曲《我爱你，中国》《保卫黄河》等多种形式，表达对祖国母亲的炙热情感。

研学成果汇报

四、课程效果及评价

（一）课程评价体系

陈经纶中学帝景分校建立了比较完善的课程评价体系，在评价主体上，采用自我评价、小组评价、教师评价和其他主体评价的多元评价方式；在评价内容上，对学生参与活动的态度、活动过程中的表现以及活动后的作业成果等多方面进行综合评价。多元的评价方式有利于提高学生参与社会实践活动的积极性和主动性，促使学生对实践活动进行反思，有助于培养学生的独立性、自主性和自我发展、自我成长的能力。

例如：陈经纶中学帝景分校社会实践活动效果综合评价表

班级：　　　姓名：

基本要点	评价指标	自评			互评			师评		
		达标	基本达标	继续努力	达标	基本达标	继续努力	达标	基本达标	继续努力
了解国情	了解活动地区的传统文化									
	了解中国历史、革命传统									
	知道考察地区人民的典型事迹									
	能够将看到的、感受的美好事物用恰当的形式表达出来									
家国情怀	认同和尊重当地优秀文化									
	尊重当地传统和风俗习惯									
	增强国家认同感和民族自豪感									
	增强主人翁责任感和担当意识									
	了解践行爱国主义的具体做法和方式									
意志品质	在活动中遇到困难，能不畏困难，坚持不懈探索									
	能够正确面对挫折，具有自立、自强、自信等的优秀品质									
	能够大胆尝试，积极寻求解决问题的方法									
学习能力	在活动中有强烈的好奇心和想象力									
	活动中能发现并提出问题									
	有解决问题的兴趣和热情									
	有创新精神，积极寻找解决问题的办法									
自我管理	能客观全面认识自我，克服缺点和不足，主动发掘自己的潜能									
	活动中遵守纪律，具有团队意识									
	能够主动帮助他人，关心他人									
	有合作意识，有集体荣誉感									

在评价的具体方式上，通常采用行为观察法对学生参与综合社会实践活动的过程进行评价。通过观察的途径来评价学生，可以使教师全面了解学生在活动中的实际表现，是综合社会实践活动过程性评价的有效方法。为提高

观察的可靠性和精确度，在进行观察活动前编制观察表。

（二）课程效果

1. 课程建设得到广泛认可和好评

（1）学生评价。调查问卷结果显示：绝大多数学生普遍认可和喜欢参加研学旅行实践活动，对学校开展的活动效果满意度高。通过参与综合社会实践活动，同学深刻理解了红旗渠为什么是林州人民的"生命渠""幸福渠"，深刻感受到"自力更生、艰苦创业、团结协作、无私奉献"的红旗渠精神，体会到今天的幸福生活来之不易。学生通过交流，分享实践活动的体会和感悟，责任意识、爱国意识、自强精神等综合素养得以内化和提升。

天安门广场升旗仪式观后感

在观看天安门广场升旗仪式活动结束后，学校对初一年级 156 名参加了观看天安门广场升旗仪式的学生进行了问卷调查。调查结果显示：100％学生认为本次活动有意义；100％的学生认为此次实践活动能够成为他一生重要的经历之一；96.7％的学生愿意参加此类实践活动，3.3％的学生表示一般；97％的学生表示此次活动对国旗、对国家有了更加具体、深刻的认识和了解；100％的学生认为活动有助于提高青少年的爱国热情。

学生在建议中写道："希望以后多组织类似的活动，让我们更多地了解社会，了解国家。""参观了天安门广场升旗仪式，让我对国旗产生了敬畏感，在以后的升旗仪式中，我变得格外认真、严肃了。""社会实践活动丰富了平常学习的课本知识，希望以后可以开展更多更丰富的活动。"……

（2）家长评价。家长对观看天安门广场升旗仪式活动给予充分肯定："这样的活动有非常好的教育意义，希望以后能多组织。""在庄严、肃穆的教育环境中让孩子体会着国旗的意义，增强国家意识，这是一次很好的爱国主义教育活动。""虽然孩子们几乎一夜未睡，但他们在准备的过程中是兴奋的、快乐的，活动让他们增强了小主人翁意识，对国旗、国家有了新的认识。"……"感谢学校组织的这次爱国教育主题活动，相信孩子们听着雄壮的国歌，看到五星红旗冉冉升起，一定会为身为中国人而感到骄傲自豪。"

（3）专家评价。丰富多彩的社会实践活动为学生的健康成长、素质提升、未来的发展搭建了一个很好的平台。孩子走进社会，走向大自然，走出我们的传统课堂，和名人对话和历史对话和大自然对话，这个过程中，对他们来讲，不仅是体验，更是感悟，更可能影响他们对人生的思考，更可能影响他们对学习态度、学习兴趣的提升。

走综合之路，走实践性发展之路。开放性的道路，是发展的趋势，也是每一个学校、每一位老师要面临的挑战。帝景分校的社会实践课程能够围绕学生的发展，基于学情，上接核心素养，中间非常系统地进行顶层设计，下面能够非常具体地深入落实，是一个非常科学的、有特色的课程体系。

2. 促进了教师的专业发展

随着陈经纶中学帝景分校思想政治课"家国情怀"教育活动型课程改革与实践的不断深入，教师开发和利用课程资源、设计课程方案、制定研学问题等方面的能力不断提高。教师在实践中不断总结和积累经验，主动探索社会实践活动的新方式和育人的新功能。近年来，帝景分校综合社会实践活动课程被分别纳入市、区级立项课题，已经形成了一套完整的实践活动研学体系，设计的活动方案在市、区级评比中多次获奖。

课题研究及成果

课题级别	课题名称	进展程度
北京市教育学会	《史地政综合社会实践活动校本规划与实施》	进入结题阶段
朝阳区十三五规划课题	《基于核心素养的思想品德综合社会实践活动的实践研究》	进入结题阶段

时　　间	荣　　誉	颁奖部门
2018 年 12 月	《基于核心素养的"人生远足"综合社会实践活动的实践研究》获 2017—2018 北京市基础教育课程建设优秀成果二等奖	北京市基础教育课程建设办公室
2018 年 12 月	陈经纶中学帝景分校获朝阳区社会实践大课堂十周年表彰"优秀组织奖"	朝阳区教委
2018 年 10 月	庄蕾蕾老师被评为"北京市中小学实践活动大课堂先进个人"称号	北京市教委北京市社会实践大课堂

2015—2018 年发文和获奖情况

	时　　间	内　　容	成　　果
1	2015 年 7 月	走进社区实践活动方案	发表于《思想政治课教学》（国家 CN 级刊物）2015 年第 7 期
2	2015 年 6 月	《综合社会实践活动方案与实施》	发表于中宣部时事报告《时事报告 形势政策宣传教育旗舰》官方网站
3	2015 年 6 月	"走进居委会，了解社区生活"	发表于《朝阳报》"未成年人思想道德建设特刊"

	时　间	内　容	成　果
4	2015 年 6 月	实践活动方案"走进首都博物馆"	北京市中小学生社会大课堂学习成果评选展示活动三等奖
5	2015 年 8 月	论文《思想政治课社会实践活动模式的探索——走进你生活的社区 了解居委会》	北京市第七届"京研杯"教育教学研究成果二等奖
6	2016 年 4 月	论文《思想政治课社会实践活动多样化模式探索》	中国教育学会中小学德育研究分会论文评选一等奖
7	2016 年 5 月	"知北京　爱家乡——参观首都博物馆"综合实践活动设计方案	朝阳区综合实践活动设计方案评比一等奖
8	2016 年 4 月	论文《思想政治课社会活动资源开发和利用的策略研究》	北京市基础教育科学研究优秀论文二等奖
9	2016 年 12 月	综合社会实践活动方案	首届朝阳区课外校外优秀课例评选获二等奖
10	2017 年 3 月	《传承革命精神 感受文化瑰宝》陕西"人生远足"活动设计方案	朝阳区中小学社会实践活动成果评选二等奖
11	2017 年 12 月	《探中原文化，寻民族之根》综合社会实践活动设计方案	北京市中小学社会大课堂教师方案一等奖
12	2017 年 12 月	论文《"人生远足"实践活动激发学生非智力因素创新发展的实施策略》	北京市教育学会创造教育研究会论文一等奖
13	2017 年 12 月	"向国旗敬礼，托起中国梦想"活动方案	北京市中小学社会大课堂"四个一"活动方案一等奖
14	2018 年 5 月	《构建提升学生生命活力的思想政治课有效课堂教学策略》	北京市 2017－2018 学年度基础教育科学研究优秀论文二等奖

续表

	时　间	内　容	成　果
15	2018 年 5 月	"探中原文化，寻民族之根"实践活动设计方案	首届"中凯杯"综合实践活动课程方案设计评比二等奖
16	2018 年 12 月	"观国旗升起　展爱国情怀"	北京市"四个一"活动主题案例一等奖，并被收录在《2018 年北京市"四个一"活动主题案例集》

五、课程特色与创新

（一）弥补了课堂教学空白，以生动鲜活的形式增强了学生的"家国情怀"

思想政治课作为一门德育课程，不仅要让学生掌握知识，更要注重价值引领。课堂上教师单纯的理论讲解，往往比较枯燥、空泛，由于缺乏真实感受，学生很难达到对知识的深入理解和情感上的共鸣，而走进生活的社会实践活动弥补了课堂教学的这一空白。例如，在河南参观红旗渠爱国主义教育基地的社会实践活动中，学生通过亲眼所见、亲耳所闻林县人民在修建红旗渠中的一件件生动感人的事迹，深刻理解了生命价值、责任奉献，以及自强不息的民族精神的内涵。他们通过撰写实践日志，记录实践感受，有效地激发积极思考、主动探索的兴趣，在获得真实的人生感悟过程中，自觉树立理想信念，提升家国情怀，实现道德品质的内在生成。

（二）坚持以学生为本，改变了传统课堂教与学的方式

真正的教育应该让学生有身心成长的空间和更多与自然、社会、生活接触的时机；真正的教育应该让学生负担更轻，压力更小，学习更主动；真正的教育应该让学生更多参与，让学生在活动中成长，在社会实践活动课程中实现知识与生命的共鸣。

本课程坚持以学生为本，从教育的本质出发，关注学生的生命体验，让学生在实践活动中感悟生活真谛，感受知识的魅力。把思想政治课与社会实践活动相融合，突出了学生在活动课程中的主体性。教师在实践活动课程中，教师改变了"讲授者"的身份，学生改变了"接受者"的身份，多元、开放的教学模式取代了单一、封闭的教学模式，实现了师生的共同发展。

（三）拓展和延伸了课堂学习，多样的学习方式促进了学生全面发展

把社会实践活动的成果引入课堂教学中，使社会实践活动与课堂教学有机结合，对课堂教学起到拓展和延伸的作用。与社会实践活动紧密结合的课堂教学，一方面拓展了学生学习的时间与空间，另一方面使学生的学习置身于社会生活的大环境中，使学生在课堂上有话可说、有话想说。这种"生活化"的课堂给知识注入了活力，使知识变得鲜活起来，学生能够在自己的生活实际和亲身感受中找出课堂理论知识的结合点、感悟点。这样有助于学生把鲜活的知识内化到观念中，外化到行动中，感受到学习的价值和意义，进而促进学科素养的全面发展。

多年的实践证明，与实践活动相结合的思想政治课，可以开阔学生视野、增长知识，丰富学生情感体验。特别是当今时代，实践活动课程已成为对青少年学生进行爱国主义教育，增强其爱国意识，提升其家国情怀，培养其成为社会主义建设者和接班人的有效途径。

构建提升学生生命活力的思想政治课
有效课堂教学策略

经济学的"效率"指经济活动中产出与投入的比例关系，表示资源有效利用的程度。效率提高意味着资源的节约和社会财富的增加。效率是人类经济活动追求的基本目标之一。

同样道理，教学活动也存在投入和产出的关系，效率也应该是我们教学活动要追求的目标。那么什么才是有效的教学活动呢？"有效课堂教学"是指在学生已有经验的基础上，通过适当组织教学，引导学生主动学习、学会学习、提高学习效能，从而用相对较少的投入实现相对较高的预期目标的课堂教学活动。简单地说，有效的教学应该是"低投入、高产出"的教学活动。

一、有效教学的概念

对于有效教学概念的界定，国内学界并没有统一。国内专家学者对有效教学界定具有代表性的观点主要如下。

华东师范大学崔允漷教授认为，"所谓'有效'，主要是指通过教师在一段时间的教学之后，学生获得具体的进步或发展。也就是说，学生有无进步或发展是教学有没有效益的唯一指标。教学有没有效益，并不是指教师有没有教完内容或教得认真不认真，而是指学生有没有学到什么或学生学得好不好。如果学生不想学或者学了没有收获，即使教师教得很辛苦也是无效教学。同样，如果学生学得很辛苦，但没有得到应有的发展，也是无效或低效教学。"

福建师范大学余文森教授指出："有效教学是提倡效果、效用、效率三者并重的教学观，有效果、有效用、有效率是有效教学的 3 个维度，就像长方体的长、宽、高，三者缺一不可，缺少任何一个维度都不能构成完整意义上的有效教学。形象地说，有效教学是一种'多、快、好、省'的教学。"

广州市越秀区教育局调研员赵佩霞在《有效的课堂教学设计与实施策略的研究》一文中指出：有效教学是教师通过教学过程的规律性，成功引起、维持和促进学生的学习，相对有效地达到预期教学效果的教学。

虽然国内外对有效教学并没有权威的解释，但是普遍认可的是：有效教学的核心就是教学的效益。教学有没有效益并不是看教师有没有完成教学内容或教师教得是否认真，而是要看学生学得怎样，学到了什么，学到的东西是否有利于自身的进步和发展。学生在学习过程中不想学或者学了却没有收获，即使教师教得再辛苦也是无效教学。同样，学生学得很辛苦，但自身没有得到应有的进步和发展，也是无效或低效教学。因此，学生在教学过程中有无进步或发展是衡量有效教学的唯一指标。

二、有效教学的特点

"教学的'有效'不是一味地强调效率，而是将教学的效果与收益合二为一，教师既要关注学生的情感需求、认知需求，又要牢固确定时间与效益的观念。"有效教学的核心就是教学的效益，其具有以下 4 个方面的特点。

（一）确立学生在学习过程中的主体地位

学生的进步和发展是衡量教学有效性的关键，教师要了解、把握学生情况和教学内容，运用科学的教学方法，设置适合学生学习的教学情境，引导学生高度参与课堂学习活动。

（二）有效教学关注教学效益

教学效益不是指教师用最少的时间教最多的内容，因为教学效益不等同于生产效益，衡量教学效益的标准应该是单位时间内学生的学习结果。

（三）有效教学关注教学目标的可测性

有效教学要求教师设定的教学目标是明确的、具体的、可操作的；在检测教学目标时，要使用定量与定性、过程与结果相结合的方式，全面反映学生的学习状况与教师工作过程。

（四）有效教学关注教师的反思意识

有效教学的策略多样化，需要教师选择适合学生的教学方法，不断反思自己的教学过程，思考什么样的教学会更有效，怎样的教学方式更有利于学生的发展，并在教学中不断地研究、实践。

三、实现有效教学的途径

（一）制定有效的教学目标，提高课堂实效

新课程的课堂上学生"动起来了"，课堂"活起来了"，"活动"多起来了，这种"活"与"动"，追求的绝不应该是表层、肤浅的外观，而是为更好地实现教学目标服务。但是，现在课堂教学中却出现了这样一个问题：教学目标的虚化和弱化直接影响了课堂教学效益。具体表现如下。

1. 教师的目标意识不强

备课时，教师对教学目标的确定没有给予足够的重视和关注，在还没有真正明确教学目标之前，就把全部精力放在教材内容分析、教学资源的选择或者教学活动的设计上。

2. 教学目标带有明显的主观性、理想化

教师在制定教学目标时，没有充分考虑学生的实际状况和认知水平，完全凭自我理解或经验确定，教学目标的主体成了教师而不是学生。

3. 教师没有准确理解和把握三维目标之间的关系

教学目标既是课堂教学的出发点和归宿，又是课堂教学活的灵魂，并直接影响着教学实效。确立合适的教学目标在整个教学设计中起着导向作用。如何解决教学目标被弱化的问题呢？这就需要教师在确立教学目标时要进行4方面的"对话"，即与课程标准对话、与教材对话、与课程资源对话、与学生对话。

（二）运用生活化教学，提高课堂实效

运用生活化教学，也是理论联系实际的重要体现。即根据学生学习的规律，将学生课堂学习的间接经验与现实生活的直接经验有机结合起来，将课堂学习与生活实践有效统一起来，构建各种学生感兴趣并且能够主动进行的学习活动。教师必须努力挖掘生活化的教学资源，这样才能吸引学生的注意力，引起他们的思想共鸣，调动他们的积极性。

1. 关注社会动态，紧跟时代步伐，增强知识的说服力

当今世界形势变幻莫测，中国的改革开放事业日新月异，如果政治课教学内容不能紧扣时代的脉搏，其结果必然使理论与实际脱节，无法使学生信服，也就难以发挥思想政治教育的作用。因此，政治教师要始终保有与时俱进的精神，紧跟时代的步伐，紧贴社会生活的实际，及时丰富完善教材内容，有针对性地增添现实生活中活生生的社会现象和事例，切实增强思想政治课教学的针对性和时代感。

如在学生学习《我国处理民族关系的基本原则》时，我紧跟时代步伐，抓住社会动态，运用国家的西部大开发战略（其中包括财政政策、扶贫政策、重点工程等）进行教学。这样，学生从典型的、具有说服力的事例中不仅能比较容易地接受所学知识，而且也较容易认同教师的观点。

2. 关注学生生活经验，提高学生对知识和观念的认同感

由于学生已经积累了许多生活经验，这些经验深刻地影响着他们的思维方式、态度及行为，因此，我们在课堂教学时，要了解学生已有的生活经验和他们对生活的感受、认识和感悟。在备课活动中，不妨仔细思考一下，学生对有关章节的知识点已积累了哪些生活经验，现实生活中哪些经验可以作为本次教学的铺垫，让学生进行哪些实践活动可以强化他们对这些知识的掌握，这样的课堂教学设计，会让学生感受到所面临的问题是熟悉的、常见的、新奇的、富有挑战性的，会促使他们跃跃欲试。一旦课堂所学与他们的生活体验相同或相似，就会让他们感受到成功的喜悦，并对所学的知识产生认同感。即使是相悖的生活经历，通过正面的冲突，也会让他们获得更深刻的感知和认识。

又如在教授《公司经营成功要素——诚信》时，我利用学生生活经验，让学生谈谈由于诚信缺失对自己或亲人朋友造成的伤害，以及坚守诚信所带来的收获，并给学生展示在企业经营中诚信与失信带来的不同后果。这样将学生已有生活经验与教学内容联系在一起，不仅调动其课堂参与的积极性，而且在不知不觉中使他们认同了诚信对于做人和做事的重要性。在学生学习货币信用、商品价格、树立正确的金钱观和消费观等知识时，我充分运用学生已有的生活经验，引发学生思想共鸣和师生"思维共振"，从而真正提高了政治教学的成效。

3. 关注"热点"和"焦点"，激发学生求知的欲望和热情

当今社会科技发展，信息发达，当代的中学生也不再是"两耳不闻窗外事，一心只读圣贤书"的社会群体，他们关心社会，思索人生，对现实生活中的热点有着一定的探究欲望。政治教师要关注"热点"和"焦点"，在教学中应针对学生感兴趣但又存在迷惑的社会"热点"和"焦点"问题设计教学，引导学生关注身边的人和事，引导学生认真分析、努力思考、热烈讨论，形成正确的观点或处理方法，激发学生求知的欲望和热情。如在学习《GDP 和绿色 GDP》时，利用中央电视台《焦点访谈》的相关经典案例；在学习《为人民服务的政府》时充分利用当时引起极大轰动的医药回扣事故；在学习《多种分配方式》时，利用某企业的奖励机制……面对这些问题，学生热情高涨，积极发表意见、参与谈论和探讨，形成科学的结论。

（三）理论逻辑与生活逻辑有机结合，提高课堂实效

《义务教育思想品德课程标准（2011 年版）》指出："思想品德是人在对生活的认识、体验和实践过程中逐步形成的。初中学生逐步扩展的生活是课程的基础。"《普通高中思想政治课程标准》指出："本课程要立足于学生现实的生活经验，着眼于学生的发展需求，把理论观点的阐述寓于社会生活的主题之中，构建学科知识与生活现象、理论逻辑与生活逻辑有机结合的课程模块。"由此可见，中学政治课教学目标的制定过程中不应该只注重知识的传授，而应该立足于学生的生活体验，针对学生生活中普遍存在的问题，传授学生生活中所需要的知识，提高学生解决生活中实际问题的能力，并在此基础上形成正确的价值取向。

例如《政治生活》第一单元第二课《民主管理：共创幸福生活》教学中，学生通过分小组走访学校、家庭所属居委会（村委会），了解居民（村民）自治的内容，认同我国村民自治和城市居民自治的重要意义。学生通过搜集、展示交流"民主恳谈会""民情恳谈会""民主理财会""民情直通车"

"社区议事会""居民论坛""乡村论坛"等事例，积极参与基层民主活动和民主建设。由于学生普遍对于村委会和居委会的性质和职责不太熟悉，为此这一框题的情感态度与价值观目标的达成就成为教学过程中的难点。教师在制定情感态度与价值观目标的过程中要充分利用与学生生活相关的实例，通过探究活动让学生感悟民主管理，做到教学目标生活与知识的有机统一。

总之，有效教学是推进新课程改革的必然要求，也是提高教学质量的必由之路。有效教学是一个完整的过程，每个教学环节都需要精心设计，才能最终实现教学的有效性。用有效教学理念指导教学改革，将是我们教育工作者一项长期而艰巨的任务。

"观国旗升起 展爱国情怀"活动设计方案

一、活动主题

活动主题：观国旗升起 展爱国情怀

活动目的：通过组织学生观看天安门广场升旗仪式，在嘹亮的国歌中，在庄严肃穆的国旗下，引导学生树立正确的理想、信念，增强爱国意识，激发学生热爱学习、奉献社会的社会责任感，为托起中国梦做好充分准备。

二、活动背景

（一）基于国家社会发展的需求

党的十八大报告提出，"把立德树人作为教育的根本任务，培养德智体美全面发展的社会主义建设者和接班人"。为贯彻落实党的十八大精神，2014年9月，北京市教委正式启动北京市中小学"四个一"活动，在《北京市中小学培育和践行社会主义核心价值观实施意见》中明确要求，每个学生在中小学学习期间至少参加一次天安门广场升旗仪式，分别走进一次国家博物馆、首都博物馆、中国人民抗日战争纪念馆。通过仪式教育、主题教育等方式培养和弘扬以爱国主义为核心的民族精神，培育和践行社会主义核心价值观，引导学生树立正确的理想、信念。

（二）基于课程改革发展的需求

《北京市实施教育部〈义务教育课程设置实验方案〉的课程计划（修订）》（以下简称《课程计划》）中明确提出："要关注课程的整体育人功能以及学科内、学科间的联系与整合，加强综合实践活动课程的开发与实施，大力培育和践行社会主义核心价值观。"《北京市初中科学类学科教学改进意见》提出："构建开放性的教与学模式，学校要组织学生走出校门，中小学校各学科平均应有不低于10%的课时用于开展校内外综合实践活动课程。"因此，北京市以"四个一"工程活动为平台，为学生搭建一个走出去、到社会中学习的机会，让孩子们在社会实践的大课堂中，获得更多书本以外的知识，丰富学生的知识，开拓学生的视野，为学生今后的发展打下坚实的基础。

（三）基于中学生发展的需求

中学时代是人生发展的最为关键的时期。《义务教育思想品德课程标准（2011年版）》针对学生的能力及情感、态度和价值观的培养指出："提高用马克思主义立场、观点和方法面对实际问题，做出正确的价值判断和行为选择的能力；提高主动参与经济、政治、文化生活的能力。""关注社会发展，积极参加社会实践，诚实守信，增强社会责任感和民主法制观念，培养公民意识。"因此，积极、有效的引导，可以帮助学生树立正确的人生观、价值观，促进他们知识、能力、素养、情感、价值观等全面发展，使之成为未来社会需要的人才。

三、活动目标

（一）知识目标

了解《中华人民共和国国旗法》中关于我国国旗的含义、内容、作用和管理等方面的相关规定；明确国旗是中华人民共和国的标志，代表着国家的形象和尊严，每个公民和组织都应当尊重和爱护国旗；懂得如何尊重和爱护国旗，珍惜国旗，自觉增强国旗意识。

（二）能力目标

组织学生参观天安门广场升旗仪式，让学生在这一庄严的活动中，深入理解国旗的意义，引发学生情感上的共鸣，增强他们的国旗意识和国家意识，以及民族自豪感和责任感；通过主题仪式教育，塑造其道德品质和规范其行为，使其形成正确的世界观、人生观、价值观，增强个人素养、家国情怀，促进综合素质的提高。

（三）情感目标

国旗代表着国家的神圣和尊严，是一个国家精神风貌的体现。通过组织学生观看升旗仪式，增强学生的国家观念和爱国意识，增强学生维护国家主权和尊严的责任感和自豪感，让学生真正体会到作为中华人民共和国的公民，要自觉维护国旗的尊严，培养其爱国主义精神，提升其维护国家荣誉和尊严的责任感和使命感。

四、活动对象

庄重的仪式教育是对学生进行爱国主义教育、加强思想教育的重要途径之一。现在的中小学生生长在和平年代，由于一些学生对革命历史、对国家、国旗等方面的知识了解和理解得不够深刻，因此在学校日常的升旗仪式中，会出现不严肃的现象，例如齐唱国歌时，有的学生只是动口但却没有多大声音，面对国旗行注目礼时，有的学生东张西望。升旗仪式成为一种形式，虽然程序完整，但不触动心灵。针对此类现象，学校组织学生观看天安门广场升旗仪式，让学生在这一庄严的活动中，深入理解国旗的意义，引发学生感情上的共鸣，使升旗仪式真正发挥其育人功能，增强学生的爱国意识。

五、活动准备

（一）学校的准备工作

1. 纳入学校特色课程体系

帝景分校把北京市教委"四个一"工程活动与帝景分校"国之魂"特色德育课程建设相结合，借助"四个一"工程活动平台，帝景分校"国之魂"综合社会实践课程资源得到了进一步丰富和发展，教育主题更加鲜明，"四个一"活动已成为学校德育教育与特色课程相融合的重要途径。

2. 做好各部门协调工作

德育处、教学处、团委等相关部门做好活动时间安排、课时调整，任课教师活动分配等协调工作，学校与活动基地等社会相关单位加强沟通，做好活动准备、组织管理等各项保障工作。

3. 安全保障及宣传工作

制定活动安全保障预案，做好活动宣传动员及安全教育等方面工作。北京市陈经纶中学帝景分校"向国旗敬礼 托起中国梦想"社会实践活动安全保障预案如下。

组织保障：由学校德育处、团委统一领导，年级具体组织部署，各班级认真落实；各班学生分成活动小组，设有组长，建立联络网；下发家长信，家长积极配合，保证进校、离校安全；每车安排 1～2 名教师组织学生，负责安全保障。

专业保障：学校选派有经验的教师和学科任课教师共同参与；在出发前由任课教师对学生进行相关知识培训。

措施保障：加强安全教育，规范行为；各司其职，责任到人，安排好留校学生食宿，让司机保持良好的驾驶状态。

应急保障：学校医务室老师全程陪同；公布就近医院电话号码；随行教师、工作人员 24 小时开机，确保通讯畅通。

4. 做好全员文明礼仪教育工作

文明礼仪是一个人思想、道德、情操、修养的外在表现。当前，学生的文明礼仪素养和自我管理的能力普遍提高，但在社会实践活动中仍会出现一些不文明现象，主要表现在：公共意识欠缺、纪律观念淡薄、自我意识较强等，对于这些表现，学校和教师高度重视，在活动前通过班会或年级会对活动的注意事项提出具体要求，加强宣传教育和组织动员工作，强化学生的自我管理意识，把文明观礼、合作精神、集体意识落到实处。

（二）教师的准备工作

1. 活动内容的准备

在活动前，学校通过政治课、班会、年级会，对全体学生进行革命历史传统教育、《中华人民共和国国旗法》普法教育，以及观礼时的礼仪教育。通过宣传教育，让学生懂得国旗是国家的象征和标志，维护国旗的尊严就是维护国家的荣誉和尊严，热爱国旗就是爱国主义的体现。使学生明白，今天的幸福生活来之易，要发扬爱国主义精神，把爱国意识落实到实际行动中。

2. 课程资源的准备

由政治学科教师共同开发课程资源，确定主题，制定活动方案，从实践内容和教材知识中挖掘教育点；学校德育处与相关单位确定活动的时间、参观场地、接待人数、参观路线、参观内容、是否有讲解等。

3. 文本材料的准备

包括活动申请、活动设计方案、家长通知、调查问卷、研究性学习的问题、学生活动手册（或口袋书）、活动要求、活动考核办法、作业形式和要求等。

（三）学生的准备工作

1. 明确活动要求的准备

包括阅读活动手册，明确活动须知，收发家长通知及回执，了解活动考核办法、作业形式和要求等。

2. 学习活动内容的准备

包括学习相关内容，了解活动与教材的结合点，学习掌握教材中相关内容的理论知识，准备相关研究或访谈问题等。

3. 做好小组分工的准备

在活动前将每班学生分成小组，每个小组由3～4人组成，分组时注意人员搭配，选1人为组长，建立联络网，成立合作交流小组。

六、活动过程

（一）精神抖擞，整装待发

深夜两点的北京城还在沉睡，帝景分校七年级全体师生已经集合完毕，准备乘车前往天安门广场参观升旗仪式。

参观天安门广场升旗仪式

（二）有序参观，感受体验

在引导员的引领下，同学们有序地登上天安门城楼东侧的观礼台。5 时 34 分，天安门国旗护卫队战士踏着整齐有力的步伐，护送着五星红旗，走出天安门城楼的中心拱形城门，踏上金水桥，穿过长安街，迈向天安门广场。全场肃穆，鲜艳的五星红旗在晨曦中迎风招展，冉冉升起。同学们稚嫩的面孔上显现庄重的神情，他们坚毅的目光展示了少年的自豪和自信。

（三）分享成果、进行评价

参观活动结束后，年级组组织学生以小组为单位，把自己在参观活动课中的作品以手抄报、照片等形式上交给学校，由教师针对其制作或设计的态度、效果进行评价；政治课上，政治老师利用一节课的时间组织学生畅谈自己参加本次活动的感受，交流参观体验，对学生进行一次综合评价。

七、活动效果

（一）丰富了课堂教学素材

活动结束后，教师充分利用参观活动的成果，把本次参观活动作为教学素材引入课堂教学中。例如，思品课在讲授七年级下册"自信"中"对国家的自信"相关教材内容时，老师引导学生把参观天安门升旗仪式活动的感想充分地表达出来。同学们纷纷表示：嘹亮雄壮的国歌、鲜艳的五星红旗已经深深映入他们的心底；繁荣富强的祖国让他们骄傲，他们为生长在这样一个伟大的国度而自豪。实践活动后的学生们对问题的认识更加生动了，回答认识的态度是积极的、主动的，呈现出的答案是开放的、丰富多彩的。

（二）激发了学生参与活动的热情

七（2）班的张鑫在感想中这样写道："当广场上响起了庄严的国歌声：'起来——不愿做奴隶的人们，把我们的血肉筑成我们新的长城……'，因长时间站立而产生的疲惫感一扫而空，我的精神一下子振奋起来……当国旗快升到旗杆的最顶端时，我的心情也越来越激动。看着鲜艳的五星红旗在第一缕的阳光下迎风飘扬，我不禁感慨万千，心潮澎湃，仿佛无数先烈在鼓励着我们勇往前进，一种责任感和使命感油然而生。"

七（3）班班长宠佳怡说："虽然这次观看升旗要早起，但是观看完升旗，我觉得一切都值得，甚至用震撼已经不能形容我的感受。当五星红旗随着太阳缓缓升起，我心中的使命感也愈发强烈，作为一名团员，我要更加努力、好好学习，将来为祖国、为社会做贡献。"

（三）家长对活动的评价

"这样的活动有非常好的教育意义，希望以后能多组织。""在庄严、肃穆的教育环境中让孩子体会国旗的意义，增强国家意识，是一次很好的爱国主义教育活动。""虽然孩子们几乎一夜未睡，但孩子们在准备的过程中是兴奋的、快乐的，活动让他们增强了小主人翁意识，对国旗、国家有了新的认识。"

（四）活动的反思

实践活动结束后，通过阅读、评价学生的感想与建议，教师从中反思此次活动的收获与不足。

本次社会实践活动收获不同一般，庄重的仪式是对学生进行的一次意义深刻的爱国主义教育，这种教育形式不仅延伸了课堂，更起到了净化心灵，陶冶情操，增强自信，激发学生对国家、对社会责任感和使命感的重要作用。我相信，在场的每一个人，都深深体会到了那与众不同的心动时刻，感受到了那鼓舞人心的振奋。

活动取得良好效果的根本原因在于选题是否突出了以学生为本，是否调动了绝大多数学生参与实践活动的热情和兴趣。因此，我们要进一步挖掘实践活动对学生思想教育的增长点，使其发挥更广泛、更有效的教育价值。

"传承革命精神 感受文化瑰宝"
活动设计方案

    为更好地实现国家的教育目标，提高学生的综合素质和核心素养，北京市陈经纶中学帝景分校构建了以"人生远足"课程为重要载体的"精致教育系列课程体系"。在"人生远足"课程的整体设计中，突出"以理想信念教育为核心，以爱国主义教育为重点，以基本道德规范为基础，以全面发展为目标"的宗旨，紧紧围绕着中华文化之根、之魂，确定考察内容和方向，增强学生的爱国意识和民族情怀。

    "走进陕西——传承革命精神 感受文化瑰宝"是"人生远足"课程的重要组成部分，下面从活动的开发、实施以及评价等方面对活动设计方案具体介绍如下。

一、活动开展的目的

（一）活动提出的背景

1. 基于中学生发展的需求

    中学时代是人生发展的最为关键的时期。这个年龄的中学生的世界观、人生观和价值观没有完全形成，但是又有直观性、粗浅性、固执性的特点，他们往往就事论事，对人生和社会的观察往往是粗浅的，基本上还是以个人的经验和理解去评价，不能透过现象看本质，也不能全面而深入地进行判断。但是，中学生已经有了一定的知识基础和社会经验，通过积极、有效的引导，可以帮助他们树立正确的世界观、人生观和价值观。

2. 基于国家社会发展的需求

党的十八大报告指出，"把立德树人作为教育的根本任务，培养德智体美全面发展的社会主义建设者和接班人"。要解决"培养什么人""怎样培养人"的问题，这就要求广大教师不仅要传授知识、培养能力，还要把社会主义核心价值体系融入日常的教育、教学环节中，引导学生树立正确的世界观、人生观和价值观。构建与学科教学相结合的综合社会实践活动，有利于顺应社会发展和时代发展的需要，培养具有"社会责任感、创新精神、实践能力"的德智体美全面发展的社会主义建设者和接班人。

3. 基于课程改革发展的需求

《北京市实施教育部〈义务教育课程设置实验方案〉的课程计划（修订）》明确提出："要关注课程的整体育人功能以及学科内、学科间的联系与整合，加强综合实践活动课程的开发与实施，大力培育和践行社会主义核心价值观。"《北京市初中科学类学科教学改进意见》提出："构建开放性的教与学模式，学校要组织学生走出校门，中小学校各学科平均应有不低于10％的课时用于开展校内外综合实践活动课程。"

（二）活动考察的对象

博大精深的中华文化是我们开展"人生远足"的得天独厚的优势。陕西是中国古人类和中华民族文化重要的发祥地，是中国历史上多个朝代政治、经济、文化的中心，也是近代中国革命的摇篮。其丰富的自然文化资源、历史文化资源、红色文化资源、民俗民间文化资源都是综合社会实践活动可充分开发利用的宝贵社会资源。

延安是中国革命圣地，是中国人民抗日战争、解放战争的总后方与指挥中心。老一辈革命家亲手培育的延安精神，是中华民族精神宝库中的宝贵财富。举世闻名的枣园、杨家岭、王家坪等一大批革命旧址吸引了大批游客。

雄奇壮美的壶口瀑布象征着中华民族自强不息、勇往直前的民族精神。西安是历史名城、华夏精神故乡之一，有着"天然历史博物馆"的美誉。此次远足，我们重点围绕上面的 3 个地点进行设计。

（三）活动开展的意义

"人生远足"课程的开展，是课程建设发展的需求，是满足学生发展的需要，是学科教学发展的需要。开展"走进陕西"综合实践活动，只在为学科综合实践的教学提供丰富的实践资源，体验、感悟陕西独特的文化魅力，感受祖国的繁荣昌盛，培养学生对民族文化的认同，增强热爱祖国的社会责任感和使命感；使学生在实践活动中开阔视野，激发求知欲，改变学习方式，提高探究和自主学习能力，促进学生的全面发展；从小处入手，从每个环节入手，培养学生对自己、对同伴、对国家的责任感，回报祖国，为国家的强大而努力。

二、活动目标的确定

"人生远足"课程的教育价值在于密切学生与生活的联系，促进学生对自我、社会和自然之内在联系的较深刻的认识与体验，丰富学生的学习方式，促进学生主体性的发展和健全人格的塑造，即做到全科育人、全程育人、全员育人，实现育全人的价值追求，从"德、智、体、美、劳" 5 个方面，确立课程的"五育"目标：

(一) 德育价值

1. 弘扬延安精神

坚定正确的政治方向，解放思想、实事求是的思想路线，全心全意为人民服务的根本宗旨，自力更生、艰苦奋斗的创业精神。

2. 弘扬中华民族精神

壶口瀑布汹涌澎湃，激流不息，它坚持不懈，像骏马一样奔腾向前；壶口瀑布百折不挠、奔腾汹涌的气势，是中华民族精神的象征。

3. 寻根华夏文明的发源地

西安是世界四大文明古都之一，是华夏文明的发源地。深厚的历史文化积淀和浩瀚的文物古迹遗存使西安享有"天然历史博物馆"的美称，这座城市，就像一部活的史书，一幕幕、一页页记录着中华民族的发展历史，到那里寻访可以感受古代文化底蕴和现代的文明发展，激发民族自豪感。

(二) 智育价值

"人生远足"实践活动打破了学科界限，将教学目标、教学手段、学科知识相融合，可以实现对学科知识的综合拓展，有效地弥补课堂教学中的不足。

在"人生远足"实践活动中，通过合作学习可以促进学生实现由获取知识到培养能力的转化，使学生逐步提高获取信息、收集信息、分析信息的能力，提升综合素质，养成积极主动的学习态度，初步习得终身学习的方法。

(三) 美育价值

"人生远足"过程中，通过让学生了解西安小吃、陕北剪纸、安塞腰鼓等地方文化，促进学生对祖国文化、传统和大好河山的热爱，激发其爱国、爱乡情怀，增强其爱祖国的责任感和使命感。

（四）体育价值

旨在促进学生健康成长和全面发展，增强学生体质。"人生远足"中以体育锻炼、拓展训练为主题的活动能很好地弥补学校体育课程的不足。

（五）劳动技术教育价值

"人生远足"过程中，通过在活动中的交流，互相帮助，学生学会了尊重、交流，分享、合作，树立责任意识，初步形成团队意识。

三、活动资源的开发

"人生远足"课程具有较强的体验性、开放性、综合性，因此课程资源的开发和利用就要遵循整合性原则，立足校内和校外，整体开发课程资源，给学生提供更广阔的空间和舞台。

（一）充分利用学科教学资源

把"人生远足"课程与教材内容相结合，让学生感悟学科理论与社会生活的内在联系，以提高学生的学科学习能力。在"陕西人生远足"的社会实践活动中，历史、地理、政治、音乐等学科依据本学科教学内容，分别挖掘与本学科相结合的实践活动资源，扩充和丰富学生学习内容。如政治学科通过参观爱国主义教育基地、革命圣地——延安，学习和感悟延安精神，坚定理想信念，锤炼意志品质；历史学科通过观察历史文物佐证历史，培养学生的观察和分析问题能力；地理学科通过参观考察，让学生体会聚落形成发展过程中与水源的关系、传统文化和习俗的形式及其影响。在社会实践活动的开展过程中，将这些学科内容进行有机整合，模糊学科之间的界限，有利于学生对其所生存的世界形成整体的理解和把握，更好地培养学生综合分析问题、解决问题和认识世界的能力。

（二）开发和利用多种校内课程资源

在"人生远足"开展的过程中，充分利用学校现有的资源，例如学生利用学校图书馆和网络查阅相关资料，完成学习任务单和研究性学习作业；通过校园电视台播放学生在活动过程中的精彩片段，感受和回味学习过程的快乐；通过学校开设的《走进黄土大地》校本教材，带领学生进一步研究参观过程中生成的新的探究问题。对这些校内课程资源的充分利用，进一步加强了学生对实践活动的体验与感悟，使实践活动得到有效拓展和延伸。

（三）借助社会力量开发活动资源

学校虽然具有较为丰富的资源，但要使学生接触更广泛的活动领域，单靠学校力量是远远不够的，还必须坚持校内校外相结合的原则，借助社会各种教育力量，开发多种教育资源。在本次陕西远足的实践活动中，学校充分利用博物馆、讲解、社会服务展厅等展馆资源，以及来自家长、社区等社会力量的大力支持。

四、活动的实施过程

（一）第一阶段：准备阶段

1. 确定主题，制定活动方案

实践活动资源丰富，不可能组织学生全部涉足，社会实践活动的主题要满足学生的需要，符合学生的年龄和认知特点。确定社会实践活动的主题，可以通过问卷调查、开座谈会等多种方式展开调查，了解学生的兴趣和爱好。比如通过调查问卷，教师可以了解每个学生对社会实践活动主题、形式的想法，覆盖面大，数据比较权威。陕西远足前，教师通过问卷调查了解到，学生对延安、壶口瀑布、西安兵马俑、古城墙等景观兴趣较高。根据这个调查数据设计实践活动的主题，可以使本次远足活动能够满足大部分同学的需求，符合大多数同学的需要。学生在自己喜欢的活动中才能更加发挥积极性和主动性，保证实践活动顺利有效地开展。

学校整合各学科资源设计学生《远足手册》，引导学生在远足活动中有目的地去实践、去研究，实现思想、精神、行动上的共同远行。

2. 确定研究专题，分小组落实责任

（1）确定研究专题。针对不同年级，结合资料学习，各小组分别确定自己感兴趣的方面，确定本组的研究专题。选题可以来自两方面：

一是结合参观的相关内容，教师为学生提供的部分建议选题。从兵马俑看秦王朝的经济、政治政策；如何理解和传承延安精神；从地理角度进行简单分析黄土高原地貌形成的地理原因等。

二是学生上网查找关于延安、陕北文化等相关知识，浏览中寻找自己感兴趣的点，作为自己的研究专题。

选题确定后，即可为学校即将开展的活动做设计方案。

（2）小组明确分工。每个小组由 3～4 人组成，小组按照记录、摄影、资料整理的任务，进行明确分工，保证人尽其责。

3. 制定研究方法

各小组依据本组的研究内容，商讨本组的研究方法，确定活动中重点活动内容和形式。

（二）第二阶段：实施阶段

1. 深入实践地点，搜集相关信息

结合每组一册的《远足手册》和本组研究小课题，在远足过程中进行自主学习。在学习过程中，完成学习单任务，同时重点收集与本组课题的相关的信息。

2. 交流调查情况，整理资料

在参观实践地后，就远足手册中的疑问进行交流；对小课题中的内容进行整理有疑问或寻找老师帮助，或寻求实践地讲解员的帮助；问题解决后，就资料进行整理。

3. 确定汇报形式，创作展示作品

参观后，在资料整理的基础上，小组讨论，确定汇报形式，创造展示作品。

（三）第三阶段：成果展示阶段

1. 分享成果，互动评价

（1）让学生把自己在实践活动课中认为最好的作品（如手抄报、照片、课件等）交给老师，由教师针对其制作或设计的态度、效果进行评价。

（2）1分钟谈感想：用最后两节课的时间让每个学生都说一说参加综合实践活动课的体会，教师对学生的口头表达能力、参与的深度与广度作合理的评价。

2. 交流活动体验，互为评价

在活动结束后，对学生进行一次综合评价，以表格的形式出现，考评学生的水平。

（四）第四阶段：拓展延伸阶段

1. 主题活动的拓展延伸

在小组汇报基础上，教师就发现的优秀作品进行进一步指导，帮助他们进一步挖掘其内涵，继续延伸，形成优秀作品，在全校进行展示分享。

2. 学生讨论、反馈

征集学生的反馈意见，从学生角度评价本次组织的活动，为今后活动提供经验。

五、活动实施的方式

（一）参观

依据活动主题参观秦始皇兵马俑博物馆、延安纪念馆、明城墙等。

（二）社会调查

依据调查主题，完成调查问题，通过亲身参与调查撰写调查报告或调查感受。

（三）访谈

通过与景点工作人员、讲解员等被访对象的谈话、提问，获取活动主题的相关信息。

（四）社团活动

通过学校开设的《传统文化》校本课程，进行相关主题的研学活动。

六、活动的评价

综合实践课学生评价表

活动内容_____班级_____姓名_____时间_____

项目	评价要点	自评	互评	师评
一、参与活动的态度	1. 认真参与活动，对活动始终保持浓厚兴趣。			
	2. 努力完成自己承担的任务。			
	3. 做好资料积累和处理工作。			
	4. 主动提出自己的设想。			
	5. 乐于合作，能和同学交流，尊重他人。			

项目	评价要点	自评	互评	师评
二、得到的体验	6. 善于提问、乐于研究、勤于动手。			
	7. 有一定责任心。			
	8. 能对自己进行反思。			
	9. 实事求是，尊重他人想法与成果。			
	10. 活动中遇到困难不退缩，想办法解决问题。			
三、方法的掌握	11. 能通过多种途径获取信息。			
	12. 采用两种以上的方式进行研究。			
	13. 能运用已有知识解决问题。			
四、实践能力的发展	14. 有探索的好奇心和欲望。			
	15. 独立思考，主动发现问题，提出问题，寻求解决问题的方法。			
	16. 积极实践，施展才能。			

　　我们通过的"人生远足"课程，带领学生走出去，感受祖国源远流长的历史，感受祖国的今天的繁荣昌盛，感受老一辈努力拼搏的精神，感受新一代建设国家的蓬勃斗志，旨在激发学生的爱国情怀，培养学生对国家文化的认同，从小处入手，从每个环节入手，培养学生对自己、对同伴、对国家的责任感，将来回报祖国，为国家的建设而努力奋斗。

|附 录|

本书是作者近十年在思想政治课教学中的一些做法、收获和感悟，以及撰写的研究报告、论文及教学设计的汇集，其中包括：

时间	名　称	获奖情况
2008 年	《思想政治课教学中小组合作学习的有效性探索》	获北京市 2007－2008 年度基础教育科学研究优秀论文二等奖
2008 年	《构建培养人文精神的思想政治课堂》	获中国发明协会中小学创造教育分会第十届年会优秀论文二等奖
2009 年	《高中哲学教学中创新思维与人文素养的培养》	获北京市 2009－2010 年度基础教育科学研究优秀论文一等奖
2015 年	《公司的经营与发展》教学设计及专家点评	发表于《思想政治课教学》（国家 CN 级刊物）2015 年第 3 期
2015 年	《走进你生活的社区，了解居委会》教学设计	发表于《思想政治课教学》（国家 CN 级刊物）2015 年第 7 期
2016 年	《思想政治课社会实践活动资源开发和利用的策略研究》	获北京市 2015－2016 年度基础教育科学研究优秀论文一等奖
2016 年	《思想政治课社会实践活动多样化模式的探索》	获 2016 年中国教育学会中小学德育研究分会论文评选一等奖
2016 年	《思想政治课社会实践活动实施过程的研究》	获 2016 年北京市第五届"智慧教师"论文评比一等奖
2017 年	《人生远足实践活动激发学生非智力因素创新发展的实施策略》	获北京市教育学会创造教育研究会 2017 年学术论文评审一等奖
2018 年	《公民权利的保障书》教学设计及专家点评	发表于人民教育出版社出版的统编教材《道德与法治》八年级下册教学参考书中
2018 年	《基于核心素养的"人生远足"综合社会实践活动的实践研究》	获北京市 2017－2018 年度基础教育课程建设优秀成果二等奖

续表

时间	名 称	获奖情况
2018 年	《构建提升学生生命活力的思想政治课有效课堂教学策略》	获北京市 2017－2018 年度基础教育科学研究优秀论文二等奖
2018 年	"观国旗升起 展爱国情怀"活动设计方案	获 2018 年北京市中小学"四个一"活动案例评选一等奖，并被收录在《北京市中小学生"四个一"活动主题案例集》
2019 年	"探中原文化，寻民族之根"活动设计方案	获北京市首届中小学社会实践活动任务单评比一等奖
2019 年	《中学思想政治课教学情境创设的实践策略》	获北京市第六届"师成长杯"征文一等奖

本书定然还存在很多不足之处，敬请同仁及读者提出宝贵建议！

庄蕾蕾

2019 年 8 月